L'ADMINISTRATION DE GEORGE W. BUSH
ET LES NATIONS UNIES

© L'Harmattan, 2005
ISBN : 2-7475-8533-6
EAN : 9782747585330

Damien LAMBERT

L'ADMINISTRATION DE GEORGE W. BUSH ET LES NATIONS UNIES

Préface de
Yves PETIT

L'Harmattan	Harmattan Könyvesbolt	L'Harmattan Italia
5-7, rue de l'École-Polytechnique	1053 Budapest,	Via Degli Artisti 15
75005 Paris	Kossuth L. u. 14-16	10214 Torino
FRANCE	HONGRIE	ITALIE

Collection « Inter-National »
dirigée par Denis Rolland avec
Joëlle Chassin, Françoise Dekowski et Marc Le Dorh.

Cette collection a pour vocation de présenter les études les plus récentes sur les institutions, les politiques publiques et les forces politiques et culturelles à l'œuvre aujourd'hui. Au croisement des disciplines juridiques, des sciences politiques, des relations internationales, de l'histoire et de l'anthropologie, elle se propose, dans une perspective pluridisciplinaire, d'éclairer les enjeux de la scène mondiale et européenne.

Série Sciences-Po Strasbourg (accueille les meilleurs mémoires de l'Institut d'Etudes Politiques de Strasbourg):
M. Decker, *Structures et stratégies des compagnies aériennes à bas coûts.*
M. Henry, *Tchétchénie : la réaction du conseil de l'Europe face à la Russie.*
S. Huguenet, *Droit de l'asile : le projet britannique d'externalisation.*
M. Leroy, *Les pays scandinaves de l'Union européenne.*
J.-P. Peuziat, *La politique régionale de l'Union Européenne.*
M. Plener, *Le livre numérique et l'Union européenne.*
A. Roesch, *L'écocitoyenneté et son pilier éducatif: le cas français.*

Série Première synthèse (présente les travaux de jeunes chercheurs):
P. Beurier, *Les politiques européennes de soutien au cinéma.*
C. Bouquemont, *La Cour Pénale Internationale et les Etats-Unis.*
A. Breillacq, *La Tchétchénie, zone de non droit.*
A. Channet, *La responsabilité du Président de la République.*
O. Dubois, *La distribution automobile et la concurrence européenne.*
A. Fléchet, *Villa-Lobos à Paris.*
O. Fuchs, *Pour une définition communautaire de la responsabilité environnementale, Comment appliquer le principe pollueur-payeur ?*
A. Hajjat, *Immigration postcoloniale et mémoire.*
M. Hecker, *La presse française et la première guerre du Golfe.*
J. Héry, *Le Soudan entre pétrole et guerre civile.*
J. Martineau, *L'Ecole publique au Brésil.*
E.Mourlon-Druol, *La Stratégie nord-américaine après le 11 septembre : un réel renouveau ?*
M. Larhant, *Le financement des campagnes électorales.*
S. Pocheron, *La constitution européenne : perspectives françaises et allemandes.*
C. Speirs, *Le concept de développement durable : l'exemple des villes françaises.*

Série Cahiers d'Histoire de Saint Cyr-Coëtquidan
A.-C. de Gayffier-Bonneville, *Sécurité et coopération militaire en Europe, 1919-1955.*
M. Motte et F. Thebault (sous la dir.), *Guerre, idéologies, populations. 1911 – 1946.*

Pour tout contact :
Denis Rolland, denisrolland@freesurf.fr
Françoise Dekowski, fdekowski@freesurf.fr
Marc Le Dorh, marcledorh@yahoo.fr

SOMMAIRE

Préface 7

Introduction 11

Première partie
La « doctrine » extérieure de l'administration Bush et son influence sur les Nations Unies 23

Chapitre 1 : Le multilatéralisme « à la carte » 27
Chapitre 2 : L'agenda de l'ONU imposé par les Etats-Unis 47

Deuxième partie
La « doctrine » extérieure de l'administration Bush et la résistance des Nations Unies 75

Chapitre 1 : L'administration Bush et la dimension incontournable des Nations Unies 79
Chapitre 2 : L'administration Bush et l'opposition des autres membres du Conseil de Sécurité 99

Conclusion 119

Table des matières détaillée 129

PREFACE

L'étude de Damien Lambert porte sur un sujet soulevant les passions, d'autant plus que la réélection du Président américain George Walker Bush ne manque pas de lui conférer une nouvelle dimension. Comme chacun sait, les relations entre l'hyperpuissance américaine et l'Organisation mondiale ont souvent défrayé la chronique et il était logique qu'au lendemain des attentats du 11 septembre 2001, une nouvelle page de l'histoire tumultueuse de cette relation s'ouvre.

Un peu plus d'un an plus tard, le 20 septembre 2002, l'Administration américaine a publié un document intitulé « *The National Security Strategy of United States of America* », dont l'objectif était de présenter la « doctrine » de l'Administration Bush en matière de politique étrangère pour les années à venir. En réponse à l'agresseur d'un nouveau genre du 11 septembre 2001, l'Administration Bush est encline à écrire : « *Bien que les Etats-Unis soient prêts à déployer tous leurs efforts pour obtenir le soutien de la communauté internationale, nous n'hésiterons pas à agir seuls, si nécessaire, pour exercer notre droit à l'autodéfense en agissant à titre préventif contre ces terroristes (...)* » ou « *Plus grave est la menace, plus le risque de l'inaction est grand – et plus il est important de prendre des mesures préventives pour assurer notre défense, même si des doutes subsistent sur le moment et l'endroit de l'attaque ennemie* »[1]. Cette préoccupation sécuritaire, complétée par des considérations d'ordre moral dénonçant « l'axe du mal », a ouvert un débat abordé par l'auteur et désormais bien connu sur la légitime défense : doit-on se limiter à une conception stricte de la légitime défense, dont l'admission est subordonnée à l'existence d'une agression armée et dont l'encadrement est assuré par le Conseil de sécurité de l'ONU, ou bien, faut-il admettre le

---

1. *Le Monde*, 24-09-2002.

concept de « légitime défense préventive », autorisant un Etat à attaquer avant d'avoir été agressé par n'importe qui, la menace étant définie de manière très large ? Rappelons ici que Clemenceau avait eu cette phrase célèbre : « une nation qui veut faire la guerre est toujours en état de légitime défense ».

Il est certain qu'il existe de nouvelles menaces à la paix, mais les membres du Conseil de sécurité ne sont d'accord ni sur leur contenu, ni sur la manière de les combattre, individuellement ou collectivement. Selon le Secrétaire général de l'ONU, K. Annan, il convient de distinguer entre les « *menaces dures : les armes de destruction massive et le terrorisme* » et les « *menaces molles : la pauvreté, les privations, le sida* »[1]. Après une guerre menée sous le prétexte d'une autorisation implicite contenue dans la résolution 1441 (8 novembre 2002) et en contradiction avec les principes contenus dans la Charte des Nations Unies, les représentants de l'Administration Bush ont dû faire preuve d'inventivité pour démontrer l'existence d'une autorisation de recourir à la force et d'une situation de légitime défense. Six mois plus tard, ils ont été heureux que la résolution 1483 du 22 mai 2003 leur reconnaisse les pouvoirs et les responsabilités d'une puissance occupante et ont fini par admettre que les Nations Unies devaient jouer un rôle crucial dans le domaine humanitaire et de la reconstruction de l'Irak.

Depuis les attentats du 11 septembre 2001 et l'intervention américano-britannique en Irak, les outils classiques du Droit international semblent inadaptés et incapables de répondre aux besoins de la communauté internationale. De nombreux termes ont été utilisés pour qualifier cette situation inédite. On a pu écrire que le Droit international était « insuffisant et irréaliste ? » ou « impuissant ? » (Olivier Corten), « désemparé » (Brigitte Stern) et même évoqué « la défaite du Droit international » (Monique Chemillier-Gendreau). Il semble bien que le système de sécurité collective de l'ONU, hérité de la deuxième guerre mondiale, rencontre beaucoup de difficultés à apporter une réponse adéquate aux nouveaux conflits asymétriques et désinstitutionnalisés, dont les acteurs et les règles sont peu aisément identifiables. Certes, le Conseil de sécurité de l'ONU s'est déclaré « *prêt à prendre toutes*

---

1. Rapport sur l'état de la communauté internationale, 8-09-2003.

les mesures nécessaires pour répondre aux attaques terroristes du 11 septembre 2001 et pour combattre le terrorisme sous toutes ses formes, conformément à ses responsabilités en vertu de la Charte des Nations Unies »[1]. Chacun reconnaîtra le vocabulaire utilisé par le Conseil de sécurité pour déclarer qu'il est prêt à autoriser l'emploi de la force, en réaction aux attentats qui se sont produits.

Malgré tout, la seule porte de sortie est de refonder le système de sécurité collective, grâce à une réforme radicale de l'ONU, car il est devenu évident que le Conseil de sécurité ne reflète pas les réalités géopolitiques du début des années 2000. Les projets abondent, mais aucun ne fait l'unanimité et, en l'état actuel, une réforme de la Charte est une gageure. Les Etats-Unis pourront poursuivre leur unilatéralisme si fréquemment dénoncé. Ils risquent ainsi de rester encore longtemps dans leur isolement et de continuer à pratiquer et à prôner la légitime défense préventive. Cependant, tout intervention militaire unilatérale est en contradiction avec le *dictum* de la Cour internationale de justice, selon lequel un «*prétendu droit d'intervention ne peut être envisagé par elle que comme la manifestation d'une politique de force, politique qui, dans le passé, a donné lieu aux abus les plus graves et qui ne saurait, quelles que soient les déficiences présentes de l'organisation internationale, trouver aucune place dans le droit international*»[2].

L'ensemble de ces aspects et bien d'autres encore sont abordés par l'auteur et on peut facilement mesurer l'apport considérable de ce mémoire. Par ce livre, qui est son premier travail de recherche, Damien Lambert fournit une contribution captivante à la compréhension de l'Administration Bush.

Yves PETIT
Maître de Conférences de Droit public
Institut des Hautes Etudes européennes
Université Robert Schuman de Strasbourg

---

1. Résolution 1368 du 12-09-2001.
2. CIJ, Affaire du Détroit de Corfou, Rec. 1949, p. 35.

INTRODUCTION

Les Etats-Unis ont longtemps contribué à l'édification du droit international. Leur politique étrangère a coutume de s'inscrire dans leur vision idéaliste de propagation des idées de liberté et de justice. Elle est en effet imprégnée de la pensée d'Emmanuel Kant qui avait imaginé dans son *Projet de paix perpétuelle* une paix reposant sur les conditions juridiques grâce auxquelles toute guerre deviendrait impossible.

La contribution des Etats-Unis au droit international fut particulièrement remarquable au vingtième siècle. A la fin de la Première Guerre mondiale, le Président Wilson proposa dans l'un de ses quatorze points la création d'une organisation veillant à la paix internationale[1]. Son souhait fut entendu et prit la forme de la Société des Nations (SDN). La SDN devait empêcher que ne se produisent de nouvelles guerres mais les Etats-Unis n'en furent pas membre en raison du refus du Sénat américain[2] de ratifier le traité de Versailles auquel était annexé l'acte de naissance de la SDN. Dans l'entre deux guerres, les Etats-Unis firent un nouveau pas en direction de la paix en signant avec la France un pacte mettant la guerre hors la loi, le pacte Briand-Kellogg.[3]

Franklin D. Roosevelt, trente-deuxième Président des Etats-Unis, a quant à lui fortement concouru à la création de l'Organisation des Nations Unies. Il n'était pas un partisan de l'idée de sécurité collective mais il s'y est rallié progressivement devant la force de conviction de son entourage (Sumner Welles surtout, mais aussi Cordell Hull). La première étape fut la signature de la

---

[1]. Discours du 8-01-1918 devant le Congrès.
[2]. Le Sénat autorise le Président à ratifier les traités internationaux à la majorité des deux tiers. Art. II, Section 2 : « Il (le Président) aura le pouvoir, sur l'avis et avec le consentement du Sénat, de conclure des traités, sous réserve de l'approbation des deux tiers des sénateurs présents.». (http://usinfo.state.gov/usa/infousa/facts/funddocs/constfr.htm, 15-04-2004).
[3]. Signé à Paris le 27-08-1928 par 15 pays dont le Royaume-Uni, l'Allemagne, l'Italie et le Japon.

Charte de l'Atlantique, entre le Président Roosevelt et le Premier ministre britannique Winston Churchill le 14 août 1941, dans laquelle les principes fondamentaux de la paix future étaient énoncés.[1] Lors d'une conférence qui se déroula à Washington, entre le 22 décembre 1941 et le 1er janvier 1942, vingt-six pays qui combattaient alors les forces de l'Axe déclarèrent qu'ils souscrivaient au programme de la charte de l'Atlantique. Au terme de cette conférence fut adoptée la Déclaration des Nations Unies et c'est dans ce document que le terme « Nations unies », proposé par Roosevelt, est employé pour la première fois de manière officielle. Lors de plusieurs conférences de 1943 à 1945[2], il a été décidé de fonder une organisation internationale capable de résoudre pacifiquement les conflits.

    L'Organisation des Nations Unies fut créée lors de la Conférence de San Francisco, qui réunit les délégués de 50 nations, du 25 avril au 25 juin 1945, sur la base du projet de Dumbarton Oaks. Elle est une organisation internationale à vocation universelle, c'est-à-dire qu'elle peut accepter tous les Etats du monde. Les rédacteurs de la Charte des Nations Unies ont tenté de remédier aux imperfections de la SDN, qui a principalement échoué dans sa mission d'éviter un nouveau conflit mondial. La Charte fixe dans ses articles 1 et 2 les buts et les principes de l'Organisation[3], qui n'est qu'un moyen pour poursuivre des objectifs communs.[4] Le Congrès américain proposa que le siège de l'ONU se trouve à New York, marquant ainsi symboliquement l'engagement des Etats-Unis, qui n'avaient pas adhéré à la SDN.

---

1. Notamment le droit de tout peuple à choisir sa forme de gouvernement, le renoncement à l'emploi de la force dans les relations internationales, la paix et la sécurité.
2. Les conférences de Moscou en 1943, de Dumbarton Oaks en 1944 et Yalta en 1945. Les négociations eurent principalement lieu entre les grandes puissances de l'époque, c'est-à-dire les Etats-Unis, la Grande-Bretagne et l'URSS. La plus importante pierre d'achoppement des négociations fut la question relative au mode de scrutin au Conseil de Sécurité.
3. « Une organisation internationale peut se définir comme un ensembles structuré où des participants appartenant à des pays différents coordonnent leur action en vue d'atteindre des objectifs communs ». Marie-Claude Smouts & Dario Battistella & Pascal, Vennesson, *Dictionnaire des relations internationales*, Paris, Dalloz, 2003, p. 371.
4. Alexandra Novosseloff, « L'ONU après la crise irakienne », *Politique étrangère*, 2003, p. 707. Rapport annuel du Secrétaire général sur l'activité de l'Organisation, septembre 2003, § 10 : « L'Organisation ne porte pas en elle-même sa propre finalité. Elle n'est que le moyen de fins définies en commun. Elle tire sa force et son efficacité du soutien actif des Etats membres et des principes qui guident leur action ».

L'ONU est composée de six organes principaux parmi lesquels seuls les trois premiers nous intéresseront : l'Assemblée générale, le Conseil de Sécurité, le Secrétariat, le Conseil Economique et Social, le Conseil de Tutelle et la Cour Internationale de Justice. L'Assemblée générale, qui avait servi de tribune aux peuples colonisés, tomba sous leur influence lorsqu'ils acquirent leur indépendance dans les années 1950-1960. Elle fut le lieu d'une confrontation Nord-Sud, entre pays industrialisés et pays en développement, qui défendaient un « nouvel ordre économique mondial ». Le Conseil de Sécurité quant à lui demeura le cercle réservé des grandes puissances, mais il fut paralysé dès la fin des années 1940 par l'opposition entre les Etats-Unis et l'URSS qui firent un grand usage de leur droit de veto. Le Secrétaire général, qui préside le secrétariat, a eu un rôle variable en fonction du titulaire du poste et de la marge de manœuvre que lui laissèrent les Etats membres.

On put croire à la fin de la Guerre froide que l'ONU deviendrait le centre de la vie internationale. Le Président George Bush père avait ainsi proclamé le 11 septembre 1990 devant le Congrès américain un « nouvel ordre mondial » que l'on pouvait espérer plus respectueux du droit international.[1] Les Etats-Unis se sont retrouvés après l'effondrement de l'URSS dans la position de la seule superpuissance restante. La guerre du Golfe en 1991, qui vit le Conseil de Sécurité prendre une part active au règlement des problèmes du Golfe persique, fut sans doute mal interprétée.[2] L'activation de l'ONU répondait plus aux besoins des Etats-Unis de réunir une large coalition qu'à une idéologie multilatéraliste.

Bill Clinton n'accorda pas non plus un grand rôle aux Nations Unies. Bien qu'il commença son premier mandat sous le slogan de « multilatéralisme autoritaire » (*affirmative multilateralism*), il dut l'abandonner après la victoire conservatrice au Congrès en 1994.

---

1. Extrait du discours : il y annonce « une nouvelle ère, moins menacée par la terreur, plus forte dans la recherche de la justice et plus sûre dans la quête de la paix. (...) Aujourd'hui, ce nouveau monde cherche à naître. Un monde tout à fait différent de celui que nous avons connu. Un monde où la primauté du droit remplace la loi de la jungle. Un monde où les Etats reconnaissent la responsabilité commune de garantir la liberté et la justice. Un monde où les forts respectent les droits des plus faibles. » (www.monde-diplomatique.fr/cahier/irak/posusa01, 22-05-2004).
2. Le Conseil de Sécurité a donné son aval à une intervention armée en Irak sans se réserver de droit de regard postérieur. L'état-major onusien a été complètement ignoré.

Deux épisodes de cette présidence ont marginalisé l'ONU. Tout d'abord en décembre 1998, après avoir examiné le rapport de Richard Butler, directeur de la commission chargée du désarmement irakien (Unscom), et estimant qu'il ne leur donnait pas entière satisfaction, les Etats-Unis et la Grande-Bretagne ont lancé l'opération « Renard du désert » sur l'Irak de Saddam Hussein sans autorisation du Conseil de Sécurité. Cet épisode a créé un « un précédent inquiétant, à la fois parce qu'il confirme la fin d'une ère de retenue dans l'usage de la force ou de sa menace dans les relations internationales, et qu'il consacre l'affaiblissement du système de sécurité collective établi par la Charte des Nations Unies »[1]. Ensuite, les affrontements entre les Albanais et les Serbes dans au Kosovo, avec un fort risque de « nettoyage ethnique », poussèrent les puissances occidentales, sous l'égide de l'OTAN, à intervenir militairement entre le 24 mars et le 9 juin 1999, une nouvelle fois sans l'aval de l'ONU par crainte des veto russe et chinois. La Russie et la Chine ont d'ailleurs approuvé un projet de résolution, qui ne vit jamais le jour, condamnant l'opération.[2]

En janvier 2001 le quarante-troisième Président des Etats-Unis a été investi : George Walker Bush, fils de l'ancien Président, dont il reprit d'ailleurs une partie de l'équipe. G. W. Bush est l'héritier d'une famille texane qui s'est enrichie grâce au pétrole. Il est très marqué par la culture politique des Etats du Sud des Etats-Unis, qui concilie fondamentalisme évangélique et fort penchant pour le militarisme[3] et son élection à la Maison Blanche reflète le processus de *southernization* du parti républicain.

Il s'est entouré d'une « vieille garde » qui a déjà servi sous d'autres Présidents américains, parmi laquelle Donald Rumsfeld, Secrétaire à la Défense. Le reste de son équipe est formé de

---

1. Jean-Marc Thouvenin, « Le jour le plus triste pour les Nations Unies, les frappes anglo-américaines de décembre sur l'Iraq », *Annuaire Français de Droit International*, 1998, p. 211.
2. Yves Nouvel, « La position du Conseil de Sécurité face à l'action militaire engagée par l'OTAN et ses Etats membres contre la République fédérale de Yougoslavie », *AFDI*, 1999, p. 299.
3. « Dort (in den Südstaaten) verbindet sich ein ausgeprägter evangelikaler Fundamentalismus mit einem starken Hang zum Militarismus ». Peter Rudolf, « Ein neues strategisches Paradigma », *SWP-Berlin Zwei Jahre Präsident Bush*, mars 2003, p. 7 (www.swp-berlin.org/common/get_document.php?id=157, 12-03-2004).

nouveaux arrivants qui ne sont pas plus modérés, tels que Condoleezza Rice, conseillère du Président pour la Sécurité nationale. Ce sont maintenant des guerriers et des stratèges civils et militaires qui occupent les postes décisifs[1]. Ainsi, « [c]'est un gouvernement de Guerre froide sans Guerre froide »[2].
Une partie de l'équipe de George W. Bush appartient au courant des néoconservateurs[3]. Celui-ci a connu son premier âge dans les années 1960, en restant fidèle au libéralisme du « centre vital », notion inventée par l'historien Arthur Schlesinger pour résumer la doctrine libérale d'après-guerre aux Etats-Unis.[4] Ce « centre vital » se nourrit, à l'intérieur, de l'intervention étatique en économie de type *New Deal* et de la défense du progrès social et, à l'extérieur, de la défense des peuples démocratiques contre tout totalitarisme, y compris communiste, par l'endiguement lancé par le Président Truman. Dans les années 1960, les échecs américains au Vietnam,[5] qui engendrent des doutes sur la lutte anti-communiste et la supériorité morale des Etats-Unis, et surtout le projet de « Grande société » du Président Johnson, provoquent chez certains libéraux un refus de ce qu'ils considèrent comme une « dérive du libéralisme vers un interventionnisme gouvernemental inefficace et coûteux, vers un activisme qui perd de vue le principe d'égalité et le primat des libertés, et dont l'inspiration n'est plus la perfectibilité

---

1. Dick Cheney, vice-président, Colin Powell, Secrétaire d'Etat, Richard Armitage, Secrétaire d'Etat adjoint, James Kelly, Secrétaire d'Etat adjoint chargé de l'Asie du Sud-Est et de la zone Pacifique, I. Lewis Libby, conseiller de sécurité de Dick Cheney, John Negroponte, ambassadeur à l'ONU, parmi d'autres, ont tous eu des fonctions sécuritaires de premier plan dans la défense ou le renseignement pendant la Guerre froide et/ou au moment de la transition soviétique et de la guerre contre l'Irak.
2. Philip S. Golub, « Rêves d'Empire de l'administration américaine », *Le Monde Diplomatique*, 07-2001.
3. Terme inventé dans les années 1960 par Michael Harrington et les membres du comité éditorial de la revue *Dissent* avec, selon le néoconservateur Irving Kristol, « tout le mépris qui était dû à des renégats ». Cité par A. Coppolani, « La résistible évolution du libéralisme américain : du consensus libéral au mouvement néo-conservateur », in H. Fréchet (dir.), *Questions d'Histoire. La démocratie aux Etats-Unis et en Europe. 1918-1989*, Paris, Ed. du Temps, 1999, p. 247.
4. Justin Vaïsse, « La croisade des néoconservateurs », *L'Histoire*, février 2004.
5. De la guerre du Vietnam est née une nouvelle classification des écoles de politique étrangère, entre « faucons » et « colombes ». Cette classification s'est généralisée, « désignant soit les tenants d'une politique de confrontation, de méfiance extrême et de fermeté face à l'URSS (droite conservatrice, néoconservateurs, reaganiens), soit une volonté de coexistence pacifique, de dédramatisation et de régulation de l'affrontement Est-Ouest (gauche, la majeure partie de l'administration Carter, etc) ». Pierre Hassner & Justin Vaïsse, *Washington et le monde. Dilemmes d'une superpuissance*, Paris, Ed. Autrement, 2003, p. 21.

de l'Amérique mais sa culpabilité et le relativisme culturel »¹. Les néoconservateurs de cette période sont avant tout des intellectuels new-yorkais, des socialistes des années 1930 ou encore des anciens trotskystes, qui n'ont pas accepté la dérive du libéralisme américain vers la gauche, traduite politiquement par la candidature, malheureuse, de McGovern à la Maison Blanche en 1972. Mais, contrairement aux conservateurs, ils continuent à soutenir une relative intervention de l'Etat dans l'économie et la société.

La deuxième génération des néoconservateurs est constituée d'une force exclusivement intellectuelle d'universitaires ou d'activistes politiques démocrates de Washington, agissant par la qualité et l'influence de ses représentants, qui se considèrent comme les gardiens de la tradition du « centre vital » de Roosevelt, Truman ou Kennedy. Ses partisans se retrouvent avant tout dans la *Coalition for a Democratic Majority*, fondée en 1972, dont le mot d'ordre est « Come Home, Democrats », qui montre, par un jeu de mots avec un slogan de McGovern « Come Home, America » que les néoconservateurs s'impliquent désormais bien plus dans les questions de politique étrangère, en souhaitant « voir le parti démocrate revenir à sa tradition de l'endiguement musclé et de la défense de la démocratie dans le monde »². Ils sont surnommés les « Jackson democrats », du nom de leur champion Henry Scoop Jackson, sénateur de l'Etat de Washington, et prônent comme lui un endiguement militaire sans concession combiné avec un Etat providence keynésien. On trouve autour de Jackson des néoconservateurs qui deviendront célèbres par la suite, tels que Richard Perle, Paul Wolfowitz ou Elliott Abrams³. Les néoconservateurs de la deuxième génération soutiennent la démocratie, qui serait supérieure aux autres systèmes de gouvernement, par exemple dans l'Etat d'Israël, menacé par des pays arabes autoritaires armés par l'URSS. Même si tous les néoconservateurs ne sont pas juifs, ils sont nombreux à l'être et

---
1. Justin Vaïsse, « La croisade... », art. cité
2. Idem.
3. Ces trois hommes sont sous le premier mandat de G. W. Bush respectivement président du *Defense Policy Board* (Organisme consultatif d'une trentaine d'experts qui conseille le Pentagone sur les grandes orientations stratégiques), sous-secrétaire d'Etat à la Défense et directeur du Bureau de la démocratie, des droits humains et des opérations internationales (Elliott Abrams a été lié à l'affaire des Contras au Nicaragua sous l'administration Reagan et a admis en 1991 avoir menti sous serment au Congrès).

défendent tous Israël.¹ La fondation en 1976 du *Committee on the Present Danger*, groupe à dominante démocrate devenu un repaire de néoconservateurs, va marquer un tournant pour ceux-ci puisque c'est par lui qu'ils vont passer vers la droite républicaine de Ronald Reagan, également membre du comité, en réaction à un Jimmy Carter jugé trop mou. Les néoconservateurs arrivent donc au pouvoir avec un Président républicain, auquel ils vont fournir son inspiration idéologique, telle que l'expression « Empire du Mal ». Si certains néoconservateurs sont restés démocrates par habitude et pour des raisons de politique intérieure, d'autres sont déjà devenus républicains. Les néoconservateurs vont connaître une longue traversée du désert après les mandats de Reagan, car le Président G. Bush père préfère les tenir à l'écart et conduire une *realpolitik*. Mais sous la présidence de G. Bush fils, ils font leur réapparition, sous la forme d'une troisième génération, qui se distingue fortement des précédentes de deux façons. Premièrement, le néoconservatisme est devenu une famille de droite à part entière. Ainsi, les tenants du néoconservatisme actuel, comme William Kristol, Robert Kagan ou Michael Ledeen[2], sont des hommes de droite, des conservateurs. Deuxièmement, les opinions néoconservatrices en matière de politique étrangère « reposent sur l'importance accordée à la force militaire et à la croisade démocratique : l'Amérique doit être forte et respectée pour pouvoir défendre voire exporter la démocratie dans le monde ; les organisations multilatérales comme l'ONU n'ont ni la légitimité morale, ni la légitimité démocratique, ni la force nécessaire pour assurer l'ordre mondial et la défense de la liberté ; seule l'Amérique peut et doit le faire »[3]. Les néoconservateurs actuels « s'accordent avec les wilsoniens traditionnels pour considérer que la diffusion de la démocratie à l'étranger favorise à la fois les intérêts de sécurité et les idéaux des Etats-Unis ; mais ils ne partagent pas l'ambition d'établir un ordre international régi par le droit et des instances supranationales où la gestions collective des crises serait la norme ; ils ne partagent pas

---

1. Justin Vaïsse, « La croisade... », art. cité.
2. Respectivement rédacteur en chef du *Weekly Standard* et président du *Project for a New American Century*, politologue et conseiller du président Bush, et enfin, collaborateur de *l'American Enterprise Institute*.
3. Justin Vaïsse, « La croisade... », art. cité.

non plus l'idéalisme et l'altruisme qui entourent les conceptions de Wilson »[1]. Les néoconservateurs, même si certains d'entre eux occupent des postes importants dans l'administration américaine, restent cependant une force essentiellement intellectuelle qui s'appuie sur des idées, des journaux (le *Weekly Standard*, le *Wall Street Journal* ou le *New Republic*) et des centres de recherche (*American Enterprise Institute* ou *Project for a New American Century*) mais ne constituent pas une force électorale.

Les néoconservateurs ne sont cependant pas les seuls à faire partie de l'équipe du Président Bush. Ainsi, on trouve également dans son entourage des réalistes traditionnels, auxquels appartient Colin Powell, le Secrétaire d'Etat. Les réalistes privilégient « le statu quo, l'équilibre des puissances et la défense des intérêts nationaux traditionnels de l'Amérique (stabilité, ouverture des marchés) par rapport à l'exportation de la démocratie, si nécessaire par la force »[2]. Les tenants les plus célèbres de cette école de pensée sont Machiavel, Hans Morgenthau, Raymond Aron, George Bush père ou Henry Kissinger. Pendant la guerre du Golfe, alors qu'il dirigeait l'opération militaire coalisée pour libérer le Koweït envahi par l'armée irakienne, C. Powell, obéissant aux ordres du Président George Bush père, n'avait pas tenté de renverser Saddam Hussein. Il avait même prêché la prudence et la retenue avant le début des opérations. C'est depuis cette guerre qu'existe une certaine opposition entre C. Powell, et plus généralement les réalistes, et les néoconservateurs, qui auraient préféré que S. Hussein soit chassé du pouvoir. Alors que les réalistes considèrent le multilatéralisme comme un outil parfois utile pour satisfaire habilement l'intérêt national, comme ce fut le cas pendant la guerre du Golfe en 1991, les néoconservateurs le rejettent comme une atteinte à la souveraineté et à la liberté d'action des Etats-Unis. Une « ligne de fracture entre réalistes et wilsoniens de droite – parfois appelés « néoconservateurs » ou « reaganiens » »[3] parcourt donc l'administration de G. W. Bush.

Des conservateurs traditionnels gravitent également autour du Président américain. Il s'agit de personnes comme le vice-Président Dick Cheney ou le Secrétaire à la Défense Donald

---

1. Pierre Hassner & Justin Vaïsse, *Washington et le monde..*, op. cité, p. 24.
2. Dominique Berns, « L'incroyable pari néoconservateur », *Le Soir*, 28-04-2003.
3. Pierre, Hassner & Justin, Vaïsse, *Washington et le monde...*, op. cité, p. 26.

Rumsfeld qui, en politique étrangère, sont favorables à l'usage de la force afin d'assurer la sécurité des Etats-Unis, de les faire respecter et craindre.[1] Ces nationalistes intransigeants (*assertive nationalists*) ont trouvé dans les néoconservateurs des alliés car ils partagent « un même profond scepticisme concernant le consensus hérité de la Guerre froide sur l'importance de l'Etat de droit et la pertinence des institutions internationales pour la politique étrangère »[2].

Cette équipe, traversée par divers courants et puisant son inspiration dans les présidences de Ronald Reagan, a mis au point, avant même l'élection de G. W. Bush, ce que l'on peut appeler la « doctrine Bush », qui puise ses racines dans le projet *Defense planning guidance*[3], élaboré en 1992 par Paul Wolfowitz, alors sous-secrétaire à la Défense. On y trouvait déjà les idées qui sont aujourd'hui le socle de la « doctrine » Bush.

La « doctrine » Bush se caractérise par un appui fondamental à l'armée, une aversion pour les organisations internationales, un comportement unilatéral sur la scène internationale en vue de préserver les intérêts américains stratégiques et économiques, le concept de « guerre préventive »[4] et la dénonciation de « l'Axe du Mal »[5]. Elle veut prendre en compte les changements importants intervenus depuis le début des années 1990 : l'effondrement de l'Union soviétique, l'absence de rivaux de la superpuissance américaine, la menace terroriste ou encore les Etats « défaillants »[6]. Certains disent que l'administration Bush pourrait produire un

---

1. Dominique Berns, « L'incroyable pari... », art. cité.
2. Ivo H. Daalder & James M. Lindsay, « L'Amérique sans entraves ou la révolution Bush en politique étrangère », *Politique étrangère*, 2004, p. 526.
3. Ce genre de documents est élaboré régulièrement par le Pentagone et distribué aux supérieurs civils et militaires. Il est classé secret défense, mais celui de P. Wolfowitz est tombé entre les mains du New York Times et du Washington Post. La Maison Blanche, à cause des idées jugées à l'époque gênantes que contenait le document, avait demandé au Secrétaire à la Défense d'alors, Dick Cheney, aujourd'hui vice-président des Etats-Unis, de le réécrire.
4. Voir *infra*.
5. Voir *infra*.
6. Un Etat « défaillant » (a failed state) est un Etat « provisoirement sans gouvernement par suite du désordre généralisé qui s'est installé sur son territoire ». Il se caractérise par « l'absence d'une autorité qui soit juridiquement autorisée et effectivement capable de se prévaloir des droits de l'Etat ou de répondre de ses obligations ». Joe Verhoeven, « Les « étirements » de la légitime défense », *Annuaire français de droit international*, 2002, p. 60.

« changement radical de l'ordre politique que les Etats-Unis ont construit avec leurs partenaires depuis les années 1940 »[1]. On a même pu parler de « révolution Bush », qui reposerait sur deux convictions : « dans un monde dangereux, le meilleur voire le seul moyen de garantir la sécurité des Etats-Unis est de se libérer des contraintes imposées par amis, alliés et institutions internationales » et « une Amérique ainsi délivrée doit utiliser sa force pour modeler un monde plus favorable à ses intérêts »[2].

Le 11 septembre 2001, des avions détournés par des terroristes islamistes se sont abattus sur le *World Trade Center* à New York et sur le Pentagone à Washington, provoquant la mort de plusieurs milliers de personnes et détruisant le mythe de l'invulnérabilité du territoire américain, protégé par deux océans. Cet événement permit à l'administration Bush de légitimer la mise en œuvre de sa doctrine.

Les Etats-Unis sont de nos jours la seule superpuissance, voire hyperpuissance, comme l'a théorisé l'ancien ministre français des Affaires étrangères, Hubert Védrine[3]. Leur supériorité sur les autres Etats du monde s'étend à presque tous les domaines : économique, technique, culturel, diplomatique et surtout militaire. Ils ont d'ailleurs clairement exprimé leur intention d'empêcher l'émergence d'un rival.[4]

Cette situation géopolitique incomparable offre aux Etats-Unis une grande liberté d'action dans la conduite de leur politique extérieure. Or, l'administration Bush, armée de sa doctrine, présentait dès 2001, des tendances unilatéralistes. Fatalement, la rencontre entre cette administration et l'ONU, haut lieu du

---

1. « Dramatically alter the political order that the United States has built with its partners since the 1940s » G. John Ikenberry, « America's Imperial Ambition », *Foreign Affairs*, septembre/octobre 2002.
2. Ivo H. Daalder & James M. Lindsay, « L'Amérique sans entraves... », art. cité, p. 521.
3. Voir notamment Hubert Védrine, *Face à l'hyperpuissance : textes et discours, 1995-2003*, Paris, Fayard, 2003.
4. *National Security Strategy*, septembre 2002, p. 29 : « Notre armée doit (...) dissuader toute compétition militaire future » (« our military must (...) dissuade future military competition »). Depuis le *Department of Defense Act* de 1986, le Président doit régulièrement faire un rapport au Congrès sur la stratégie nationale de sécurité. Depuis lors, les résultats furent plutôt décevants. Le rapport de G. W. Bush, remis en septembre 2002, n'est quant à lui pas passé inaperçu, notamment parce qu'il fut le premier à paraître après le 11 septembre 2001. C'est pourquoi il a été considéré comme annonçant les principes de la politique extérieure américaine post-11-septembre. Voir John L. Gaddis, « A Grand Strategy », *Foreign Policy*, novembre/décembre 2002.

multilatéralisme, devait avoir lieu. Il faut ainsi étudier dans quelle mesure l'administration Bush a mis en œuvre sa doctrine. Et si elle a rencontré des difficultés, il est intéressant de voir si elle a fait de preuve de dogmatisme ou au contraire de pragmatisme.

L'administration Bush a tenté d'appliquer sa doctrine aux Nations Unies. Celle-ci se singularise avant tout par son rejet du multilatéralisme, perçu comme une atteinte intolérable à la liberté d'action des Etats-Unis. Elle implique également une vision instrumentalisante de l'ONU en ce que celle-ci n'est activée qu'au cas par cas, en fonction des besoins.

Cependant, l'administration Bush a rencontré une résistance de la part des Nations Unies. Ces résistances tiennent à la nature même de l'Organisation, qui joue son rôle de modérateur de puissance, dans la mesure où elle a permis de limiter, dans une certaine mesure, les tendances unilatéralistes de l'administration américaine.

Première partie
La « doctrine » extérieure de l'administration Bush et son influence sur les Nations Unies

L'équipe néo-conservatrice du président G. W. Bush est arrivée au pouvoir en ayant auparavant développé une politique étrangère tournée vers le refus du multilatéralisme, et plus particulièrement de l'ONU. L'administration Bush a par la suite tenté de mettre en pratique cette pensée dans ses relations avec les Nations Unies. On retrouve le fondement religieux que contient la notion de « doctrine » : elle prétend pouvoir « offrir une interprétation globale du monde ». L'administration Bush pense détenir la vérité et se sent donc fondée à influencer voire à prescrire le comportement des Nations Unies. La « doctrine » Bush fournit une explication du monde et rejette par là même les autres explications possibles.

Dans ce cadre théorique, l'administration Bush est favorable au multilatéralisme « à la carte ». Ayant peu d'estime pour les organisations internationales, en particulier pour l'ONU, la Maison Blanche préfère les utiliser selon les priorités qu'elle se fixe et les avantages qu'elle peut en retirer.

Sur un plan pratique, les Etats-Unis tentent d'imposer leur agenda à l'ONU. Les problèmes qu'ils placent au sommet de leurs préoccupations doivent être traités avant les autres par l'ONU lorsqu'ils ont décidé qu'elle le devait, mais les Etats-Unis peuvent tout aussi bien estimer dans certains cas qu'ils n'ont pas besoin de l'ONU.

Chapitre 1
Le multilatéralisme « à la carte »[1]

L'équipe néo-conservatrice du Président G. W. Bush est arrivée au pouvoir en ayant auparavant développé une politique étrangère tournée vers le refus du multilatéralisme, et plus particulièrement de l'ONU. L'administration Bush a par la suite tenté de mettre en pratique cette pensée dans ses relations avec les Nations Unies. On retrouve le fondement religieux que contient la notion de « doctrine » : elle prétend pouvoir « offrir une interprétation globale du monde ». L'administration Bush pense détenir la vérité et se sent donc fondée à influencer voire à prescrire le comportement des Nations Unies. La « doctrine » Bush fournit une explication du monde et rejette par là même les autres explications possibles. Dans ce cadre théorique, l'administration Bush est favorable au multilatéralisme « à la carte ». Ayant peu d'estime pour les organisations internationales, en particulier pour l'ONU, la Maison Blanche préfère les utiliser selon les priorités qu'elle se fixe et les avantages qu'elle peut en retirer.

Sur un plan pratique, les Etats-Unis tentent d'imposer leur agenda à l'ONU. Les problèmes qu'ils placent au sommet de leurs préoccupations doivent être traités avant les autres par l'ONU lorsqu'ils ont décidé qu'elle le devait, mais les Etats-Unis peuvent tout aussi bien estimer dans certains cas qu'ils n'ont pas besoin de l'ONU.

Le multilatéralisme « à la carte » est le volet intellectuel de la « doctrine Bush » dans ses rapports avec les organisations internationales, au premier rang desquelles les Nations Unies. Cette « doctrine » affiche clairement une forte méfiance vis-à-vis du multilatéralisme et préfère une utilisation au cas par cas, en

---

[1]. L'expression est de Richard Haass, directeur du *Policy Planning Staff*, un groupe de réflexion lié au Secrétariat d'Etat. Daniel Vernet, « Néo-conservateurs et institutions internationales », *Le Monde*, 15-10-2003.

fonction des besoins. Le multilatéralisme « à la carte » se manifeste de deux manières dans la politique extérieure américaine actuelle : d'une part, l'administration Bush s'oppose à un multilatéralisme[1] systématique. Elle reprend en cela une tradition réaliste de méfiance par rapport aux organisations internationales.
D'autre part, les autorités américaines concentrent leurs attaques sur l'ONU. Les Nations Unies sont en effet l'enceinte par excellence du multilatéralisme parce qu'elle est une organisation internationale à vocation universelle dont le premier des buts est la paix.

1. Le refus d'un multilatéralisme systématique

Dans la lignée du Président Reagan, duquel elle se réclame[2], l'administration Bush a une vision réaliste des relations internationalistes, fondée sur une instrumentalisation du multilatéralisme. L'administration aux Etats-Unis n'est pas la seule à concevoir la politique extérieure. Elle subit aussi l'influence du Congrès, des "think tanks"[3] et, dans une moindre mesure, de la population. Il faut également ajouter que 90% de la politique extérieure américaine a des causes intérieures.[4]

Le refus d'un multilatéralisme systématique trouve sa justification dans la défense de la souveraineté américaine et dans la protection des intérêts américains.

---

1. « Le multilatéralisme consiste pour les Etats à élaborer collectivement les règles régissant leurs relations et à conduire des politiques concertées. Il s'oppose (...) à l'unilatéralisme dans lequel un Etat conduit sa politique hors des instances de concertation sans tenir compte de l'avis des autres Etats ». Marie-Claude Smouts & Dario Battistella & Pascal Vennesson, *Dictionnaire ..., op. cit.*, p. 333.
2. Condoleezza Rice, « Promoting the National Interest », *Foreign Affairs*, janvier/février 2000.
3. Des « think tanks » tels que la Hoover Institution, l'Heritage Foundation ou l'American Enterprise Institute. Ils se présentent eux-mêmes comme conservateurs, voire néoconservateurs, et partagent les mêmes idées que les membres de l'administration. D'ailleurs, dans bien des cas, on retrouve les mêmes personnes dans l'administration et dans ces institutions.
4. D'après ce que Ernst Otto Czempiel considère une « valeur tirée de l'expérience » dans Ernst Otto, Czempiel, *Weltpolitik im Umbruch. Die Pax Americana, der Terrorismus und die Zukunft der internationalen Beziehungen*, Munich, Beck, 2002, p. 100.

La défense de la souveraineté américaine

L'administration Bush situe clairement son action dans le cadre de l'Etat-Nation[1], tel que défini depuis les traités de Westphalie de 1648[2]. Sa seule référence serait donc la Constitution des Etats-Unis de 1787. Dans le monde réaliste, anarchique, qui s'inspire des considérations de Hobbes sur « l'état de nature », aucune autorité ne peut s'imposer à l'Etat[3] et c'est dans ce cadre que se place l'administration américaine.

L'administration Bush rejette toute supranationalité et ne reconnaît pas la force contraignante des traités internationaux. Elle l'a déjà montré à maintes reprises en ne se conformant pas à ses obligations internationales.[4] Les Etats-Unis sont ainsi soupçonnés de ne pas respecter la Convention sur les armes biologiques (CAB)[5], ou le Traité de Non-Prolifération nucléaire (TNP)[6].

L'administration Bush refuse de plus de se lier par de nouveaux engagements, comme le Protocole de Carthagène, le Protocole de Kyoto, le Traité d'interdiction complète des essais nucléaires (TICE), la Convention d'Ottawa ou la Cour Pénale internationale (CPI).

Dans le cadre de la Convention sur la Diversité Biologique de Rio de 1992, le Protocole de Carthagène a été adopté à Montréal en janvier 2000 avec l'aval des Etats-Unis, qui ne l'ont par la suite pas signé ni a fortiori ratifié. Il porte sur la prévention des risques biotechnologiques et reconnaît pour la première fois le principe de

---
1. « Nous n'avons pas à demander la permission car la seule base de légitimité est la Constitution des Etats-Unis. » Un membre de l'administration cité par Daniel Vernet, « Néo-conservateurs... », art. cité.
2. Ces traités affirment l'autorité supérieure des états souverains, en qualité d'acteurs principaux sur la scène de la politique mondiale.
3. Pierre de Senarclens, *La politique internationale*, Paris, Armand Colin, 2002, 4ème édition (1ère édition 1992), p. 21.
4. Nicole Deller, « Etat de droit ou règne de la force ? Le respect des traités internationaux par les Etats-Unis », *Energie et Sécurité*, 2003, No. 22.
5. Les Etats-Unis l'ont ratifiée le 26-03-1975. Ils s'opposent à la création d'un protocole de vérification et leurs travaux secrets dans le domaine de la biodéfense ont pu violer la convention.
6. Le TNP a été ratifié par les Etats-Unis le 5-03-1970. Leur ligne de conduite actuelle ne respecte pas son obligation de désarmement, telle qu'elle a été interprétée. « Selon la Revue de posture nucléaire de 2002, les Etats-Unis envisagent de maintenir des forces nucléaires importantes et modernisées, sans limite de durée, et un élargissement des options d'utilisation des armes nucléaires. » Nicole Deller, « Etat de droit... », art. cité.

précaution[1]. Il offre le droit, pour un Etat, de refuser l'importation d'OGM en cas de doute sur leur innocuité. L'administration Bush accorde peu d'importance aux risques écologiques et préfère un libre-échange dérégulé qui profite aux entreprises américaines.

Le protocole de Kyoto vise à compléter la Convention-cadre des Nations Unies sur les changements climatiques adoptée en 1992. En décembre 1997, quelque 160 pays se sont réunis à Kyoto, au Japon, pour discuter des mesures à prendre face au réchauffement planétaire. Les participants se sont entendus pour réduire les émissions de six gaz à effet de serre. Le 29 mars 2001, G. W. Bush a annoncé que les États-Unis ne ratifieront pas le protocole de Kyoto parce qu'il ne va pas dans le sens de leurs intérêts économiques. Le Président américain préfère travailler avec ses alliés à un plan qui exigerait des pays en développement qu'ils se conforment eux aussi à certaines normes environnementales. La réduction de l'émission des gaz à effet de serre provoquerait un surcoût pour les entreprises américaines car les Etats-Unis sont un très gros pollueur.

Le TICE a été signé par les Etats-Unis le 24 septembre 1996 à New York dans le cadre de la conférence du Désarmement de l'ONU mais le Sénat américain a refusé de le ratifier en 1999. Ce traité interdit toutes les explosions nucléaires à des fins militaires ou pacifiques. Les Etats-Unis tiennent à leur liberté d'action en matière militaire, qui est au cœur de la souveraineté.

La Convention d'Ottawa sur l'interdiction de posséder et d'utiliser des mines antipersonnel a été adoptée en 1997 mais les Etats-Unis n'en font pas partie. Ils ont invoqué la protection de leurs forces stationnées sur la ligne démilitarisée entre les deux Corée, et la volonté de préserver l'exportation de mines mixtes antichar et antipersonnel. Washington se retrouve sur ce dossier au côté de la Chine populaire, dont l'industrie exporte des mines.

La CPI est emblématique de la défense de la souveraineté américaine. Si les Etats-Unis étaient parties au Statut de Rome, qui porte création de la CPI, les auteurs de crimes commis sur le territoire des Etats-Unis ou des criminels américains pourraient être

---

1. Règle de décision politique en l'absence de certitudes scientifiquement établies limitant, encadrant ou empêchant certaines actions potentiellement dangereuses, sans attendre que leur danger éventuel soit scientifiquement établi de façon certaine.

poursuivis par cette Cour[1]. En d'autres termes, un Américain pourrait être jugé par un tribunal international, ce que l'administration Bush juge inacceptable. Le Président Bush n'a pas seulement refusé de soumettre la ratification du traité au Congrès, il a même retiré la signature qu'avait apposée de justesse Bill Clinton, ce qui est rare dans les relations internationales. Dans une lettre adressée par John Bolton, sous-secrétaire d'Etat pour le contrôle des armements et la sécurité internationale, à Kofi Annan, secrétaire général de l'ONU, les Etats-Unis estiment « ne plus avoir d'obligation légale résultant de la signature intervenue le 31 décembre 2000. » Le gouvernement américain a utilisé le terme de « dé-signature » (*unsign*) pour signifier son désengagement, mais ce terme n'a pas de valeur juridique.[2] Il n'apparaît pas que le Président Bush ait violé la Convention de Vienne de 1969 sur le droit des traités car les Etats-Unis n'étaient pas encore partie à la Convention de Rome. Il existerait ainsi un droit de refuser de ratifier un traité.[3] Mais en retirant leur signature au lieu de s'abstenir de ratifier la Convention, les Etats-Unis ont voulu signifier leur hostilité à la nouvelle Cour qui voyait le jour.[4]

Le Président Bush a même dénoncé le traité ABM le 13 décembre 2001. Ce traité était considéré comme une contrainte nuisant à la liberté d'action des Etats-Unis, qui veulent se doter d'une défense anti-missiles contre les « Etats voyous ». Dans sa lettre adressée aux autorités russes, le Président américain explique « que des événements extraordinaires concernant la substance

---

1. Il faut noter que le Statut de Rome a prévu plusieurs garde-fous : une procédure n'est ouverte que lorsque l'Etat compétent en l'espèce « [n'a] pas la volonté ou [est] dans l'incapacité de mener véritablement à bien l'enquête ou les poursuites » (art. 17 du Statut). Les Etats-Unis refusaient que la Cour ait compétence sur les nationaux d'Etats qui ne sont pas parties au Statut. De plus, le Conseil de Sécurité de l'ONU, dont les Etats-Unis sont membres permanents, peut demander à la Cour de surseoir à enquêter et à poursuivre pendant un an, et cette demande est renouvelable (art. 16). Les Etats-Unis ne se sont pas satisfaits de ces dispositions. Ils voulaient un contrôle politique de la CPI par le Conseil de Sécurité. Le Statut de Rome est disponible sur le site de la CPI (www.icc-cpi.int).
2. Clémence Bouquemont, *La Cour Pénale Internationale et les Etats-Unis*, Paris, L'Harmattan, 2003.
3. Patrick Daillier & Alain Pellet, *Droit International Public*, Paris, LGDJ, 2002, 6ème édition (1ère édition en 1975), pp. 134-140.
4. Clémence Bouquemont, *La Cour Pénale...*, *op. cit.*

même du traité ont mis en cause leurs intérêts suprêmes »[1]. Le traité ABM offrait un cadre juridique puissant important pour la sécurité internationale. Il concernait également les Etats tiers dans la mesure où il garantissait juridiquement leur sécurité. M. Perrin de Brichambaut estime que « le recul du recours à des instruments juridiques pourrait être préjudiciable à la stabilité des relations internationales et à la paix »[2].

La pensée de G. W. Bush se trouve dans la lignée de ceux que Peter J. Spiro nomme les « nouveaux souverainistes » (new sovereigntists)[3]. Ce sont des intellectuels conservateurs et d'orientation libérale qui attaquent la coopération multilatérale avec des arguments tirés des principes démocratiques[4]. Dans un mouvement revigoré d'anti-internationalisme, ces « nouveaux souverainistes » auraient pour but de défendre les institutions américaines contre l'emprise des normes internationales. La Constitution américaine est selon eux la règle de droit qui prime sur toutes les autres. Seuls les accords commerciaux ne poseraient aucun problème à ces « nouveaux souverainistes » car le libre-échange est perçu comme favorable dans tous les cas aux intérêts américains. Les « nouveaux souverainistes » ne sont pas hostiles à tous les accords internationaux mais pensent que les Etats-Unis doivent se réserver le droit de choisir ceux qui les avantagent le plus. D'après P. J. Spiro, leur pensée s'articule autour de trois thèmes : la contestation de l'émergence d'un ordre juridique international, la condamnation d'un processus inéluctable de codification juridique internationale et la liberté pour les Etats-Unis de choisir entre les différents régimes internationaux.

L'actuel sous-secrétaire d'Etat pour le contrôle des armements et la sécurité internationale, John Bolton, a même suggéré que le droit international n'est pas vraiment un droit, contestant ainsi la valeur contraignante du droit : « Il peut y avoir des raisons bonnes

---

1. Cité dans Marc Perrin de Brichambaut & Jean-François Dobelle & Marie-Reine d'Haussy, *Leçons de droit international public*, Paris, Presses de Sciences Po/Dalloz, 2002, p. 177.
2. Idem, p. 178.
3. Peter J. Spiro, « The New Sovereigntists. American Exceptionalism and Its False Prophets », *Foreign Affairs*, novembre/décembre 2000.
4. Matthias Dembinski, « Unilateralismus versus Multilateralismus. Die USA und das spannungsreiche Verhältnis zwischen Demokratie und Internationaler Organisation », *HSFK-Report*, avril 2002.

et suffisantes de se soumettre aux dispositions d'un traité, c'est le cas la plupart du temps grâce aux bénéfices mutuels retirés des traités, mais non parce que les Etats-Unis y sont 'légalement' contraints »[1]. Cette pensée s'inscrit dans le cadre d'une négation du droit international. Les autorités américaines ne reconnaissent que la Constitution des Etats-Unis et tout autre droit extérieur ne s'impose pas à elles. En défendant la souveraineté américaine, l'administration Bush s'affranchit en même temps de ses liens créés par les traités internationaux. Le refus du multilatéralisme systématique s'appuie sur la souveraineté américaine pour trier entre les « bons » et les « mauvais » traités, c'est-à-dire entre ceux qui ne contraignent pas les Etats-Unis et qui leur apportent des avantages et ceux qui pèsent sur leur liberté d'action et qui leur nuisent.

Le Congrès, qui joue un rôle non négligeable dans la politique extérieure, notamment grâce à la ratification des traités internationaux par le Sénat, a également une opinion mitigée sur le multilatéralisme. Il est le représentant le plus direct de la souveraineté américaine, car directement élu par le peuple américain. Le Congrès redoute en particulier que la Maison Blanche ne profite de la coopération internationale pour étendre son domaine d'action à son détriment[2]. Les vues du Président et les préoccupations du Congrès, en grande partie le fruit de la politique intérieure des Etats-Unis, s'entremêlent donc et façonnent la politique extérieure.

Les critiques du Congrès se dirigent entre autres contre les traités qui limitent de façon incontrôlée la souveraineté américaine. Le nouveau phénomène de « gouvernance globale » (*global governance*) apparaît comme particulièrement menaçant[3]. La « gouvernance globale » désigne les tentatives et tendances visant à étendre le droit international et les coutumes au-delà du strict domaine des relations inter-étatiques et à leur donner un caractère contraignant. La « gouvernance globale » regroupe quatre grands domaines : la mondialisation et la gouvernance globale, l'antimondialisation, les organisations internationales et la justice

---

1. Cité dans Nicole Deller, « Etat de droit... », art. cité.
2. Matthias Dembinski, « Unilateralismus... », art. cité.
3. Idem.

internationale, et les droits de l'homme.[1] Dans le cadre de l'ONU, le secrétaire général Kofi Annan s'est lancé dans d'ambitieux partenariats avec le secteur privé, notamment les multinationales, les syndicats et les organisations non gouvernementales (ONG). Il a lancé à Davos, en janvier 1999, l'idée d'un pacte mondial avec les entreprises multinationales (*Global Compact*) qui est un espace informel de rencontre et de travail auquel se sont d'emblée associées une cinquantaine de firmes et une dizaine de grosses ONG avec pour objectif de lutter contre les dérives de la mondialisation du monde, en matière de droits de l'homme, de droits sociaux et d'environnement. Faute de l'accord des Etats pour imposer un code de conduite aux multinationales, K. Annan a mis en place un dialogue direct entre l'ONU et le secteur privé. Les Etats se retrouvent ainsi court-circuités car l'ONU, une organisation par définition intergouvernementale, s'émancipe de ses membres pour négocier directement avec des acteurs privés. C'est ce genre d'initiatives que craint le Congrès car celui-ci tient à conserver le cadre traditionnel de l'Etat-Nation.

Le multilatéralisme est perçu comme une nuisance à la liberté d'action des Etats-Unis. Il n'est pas rejeté en soi, mais il doit être utilisé de telle sorte que les intérêts américains soient préservés. Si travailler avec d'autres pays permet de mieux atteindre les objectifs fixés par les Etats-Unis, cela ne pose aucun problème. Mais les Etats-Unis veulent rester maître du jeu. A partir du moment où le multilatéralisme devient gênant, c'est-à-dire qu'il empêche le gouvernement des Etats-Unis d'agir selon ses vues, ce dernier sera tenté d'agir seul ou avec des alliés peu contradicteurs, tels que le Royaume-Uni.

La protection des intérêts américains

Toujours dans une vision réaliste des relations internationales, la politique étrangère de G. W. Bush est centrée autour de la notion d'intérêt national. C'est sa poursuite qui détermine les formes que doit prendre l'action extérieure, ce qui peut entraîner un conflit avec des solutions négociées multilatéralement : « L'intérêt

---

1. Selon une classification de l'Institut français des Relations Internationales (IFRI). Voir le site de l'IFRI : www.ifri.org

national est nécessairement défini de façon égoïste par rapport aux intérêts nationaux des autres Etats »[1].

Condoleezza Rice, qui dirige depuis l'élection de G. W. Bush à la Maison Blanche le Conseil de Sécurité Nationale, l'a affirmé dès la campagne électorale de 2000 : la politique extérieure américaine doit être centrée sur « l'intérêt national et la poursuite de priorités clefs »[2]. L'équipe Bush, qui avait reproché au Président Clinton d'avoir une politique étrangère « au jour le jour », peut se prévaloir au contraire d'un programme extérieur cohérent, sa « doctrine », centrée sur la défense des intérêts nationaux. C. Rice fixe cinq intérêts primordiaux, parmi lesquels n'apparaît peu ou pas le multilatéralisme : les capacités de défense, la croissance économique, les relations avec les alliés des Etats-Unis, les relations avec les autres grandes puissances, telles que la Chine et la Russie, et la gestion de la menace que représentent les « Etats voyous ».[3]

C. Rice se place sur le terrain de la puissance.[4] Elle rejette très clairement « la croyance que le support de beaucoup d'Etats – ou mieux, d'institutions telles que les Nations Unies – est essentiel à l'exercice légitime de la puissance »[5]. Elle stigmatise la poursuite par l'administration Clinton de « normes au mieux illusoires de comportement international ».[6] Elle refuse également de se situer dans la pensée wilsonienne, qui voudrait qu'un Etat n'agisse légitimement que lorsqu'il le fait sur ordre de quelqu'un ou quelque chose. Que la politique extérieure ait des effets bénéfiques pour toute l'humanité n'est pas une fin en soi mais un « effet de second ordre »[7].

L'intérêt national est bien souvent défini en termes de puissance, elle-même en relation avec les capacités militaires d'un pays, mais aussi par exemple avec les capacités de mobilisation.

---

1. Marie-Claude Smouts & Dario Battistella & Pascal Vennesson, *Dictionnaire ..., op. cit.*, p. 281. Il est ajouté : « Dans un système du chacun pour soi, la satisfaction de l'intérêt national d'un Etat ne saurait tenir compte ni des intérêts nationaux d'autrui, ni a fortiori d'un hypothétique intérêt commun de l'humanité ».
2. Condoleezza Rice, « Promoting... », art. cité.
3. Ibid.
4. Ibid : « Power matters ».
5. « The belief that the support of many states – or even better, of institutions like the United Nations – is essential to the legitimate exercise of power. » Ibid.
6. « Its pursuit of, at best, illusory "norms" of international behaviour », ibid.
7. « A second-order effect », ibid.

Les Etats-Unis disposent d'une supériorité militaire incontestable,[1] sur laquelle ils jouent en permanence et qu'ils comptent bien pouvoir conserver. L'outil militaire est un point central de la « doctrine » Bush, en ce qu'il est le garant des intérêts américains.[2] Une puissance qui s'appuie sur son armée pour arriver à ses fins se situe dans une posture réaliste, par définition peu compatible avec la coopération internationale posée comme principe. On retrouve ici l'idée réaliste d'un monde anarchique dans lequel l'Etat doit assurer sa survie par ses propres moyens, c'est-à-dire pour une bonne part, ses moyens militaires.

Il est d'autre part établi dans l'administration Bush un lien fort entre les intérêts nationaux et les valeurs traditionnelles américaines.[3] C. Rice le dit explicitement : « La poursuite par l'Amérique de l'intérêt national créera les conditions qui promeuvent la liberté, les marchés et la paix ». Il faut ajouter que l'administration Bush, comme ses prédécesseurs, croit que les valeurs américaines sont universelles. Elle se sent donc totalement fondée à poursuivre l'intérêt national, en laissant de côté l'opinion des autres Etats et des organisations internationales. Les valeurs américaines dans l'administration Bush prennent une dimension quasi mystique, renforcées par le fait que le Président est un chrétien convaincu. Mais en fait, toute la politique américaine est influencée par la religion. Ainsi, Henri A. Kissinger parle à propos des Etats-Unis d'un « rôle de missionnaire autoproclamé »[4]. On retrouve l'idée que les Etats-Unis sont un « pays honorable », dans la lignée de l'idéologie de la Destinée manifeste de John L. O'Sullivan.[5]

---

1. Le budget américain de la défense s'élevait en 2003 à 389 milliards de dollars.
2. National Security Strategy, p. 29 : « Il est temps de réaffirmer le rôle essentiel de la force militaire américaine » (« It is time to reaffirm the essential role of American military strength »).
3. Ce lien n'est pas nouveau. Ainsi, en 1996, Strobe Talbott, alors vice secrétaire d'Etat, pouvait affirmer que « les valeurs et les intérêts américains se renforcent mutuellement » (« American values and interests reinforce each other »). Strobe Talbott, « Democracy and the National Interest », *Foreign Affairs*, novembre/décembre 1996, p. 49.
4. Henri A. Kissinger, *La Nouvelle Puissance américaine*, Paris, Fayard, 2003, p. 266. H. Kissinger fait remonter cette tradition aux Pères Fondateurs : « La République américaine était censée se conformer aux principes du rationalisme éclairé ; elle devait donc servir de modèle aux peuples qui n'avaient pas la chance de vivre sous un régime aussi généreux », p. 265.
5. On peut résumer ainsi cette idéologie : « L'Amérique a été investie d'une mission divine envers ces nations du monde qui sont exclues de la vivifiante lumière de vérité ; et son noble

Après les attentats du 11 septembre 2001, la définition de l'intérêt national a sans aucun doute subi une inflexion, comme en atteste la nouvelle « stratégie nationale de sécurité »[1]. La protection du territoire et des intérêts américains dans le monde est devenue l'épine dorsale de la politique extérieure de l'administration Bush. La lutte contre le terrorisme a été placée en avant de manière à justifier toutes les actions américaines postérieures au 11 septembre. L'intérêt national, tel que défini pendant la campagne Présidentielle par C. Rice, s'est retrouvé « chapeauté » par la nouvelle priorité. Il ne faut cependant pas croire que le 11-septembre a provoqué un revirement majeur de l'administration Bush concernant le multilatéralisme et l'ONU. Les attentats ont permis à l'administration de mettre en œuvre sa « doctrine » sous la justification de la lutte contre le terrorisme.

Les institutions internationales sont peut-être utiles pour des solutions de long terme mais les Etats-Unis considèrent qu'il est de leur intérêt de répondre aux menaces vite et sans contrainte.[2] Ainsi, « [l]e multilatéralisme est un instrument que l'Amérique devrait utiliser pour atteindre un objectif. Il ne devrait pas être l'objectif ».[3]

2. Les reproches formulés par les Etats-Unis à l'encontre de l'ONU

Les reproches que formulent les Etats-Unis à l'encontre de l'ONU proviennent du fait qu'ils aimeraient qu'elle soit à leur image ou à l'image qu'ils se font d'eux-mêmes.[4]

---

exemple châtiera à mort la tyrannie des rois, des hiérarques et des oligarques, et apportera les bonnes nouvelles de paix et de bonne volonté aux myriades qui subissent une existence à peine plus enviable que les bêtes dans les champs. Dès lors, peut-on encore douter que notre pays soit prédestiné à devenir la grande nation du futur ? » (traduit de l'anglais par Annie Makhijani) Cité dans Nicole Deller, « Etat de droit... », art. cité, p. 11.
1. « National Security Strategy », p. 50.
2. G. John, Ikenberry, « America's... », art. cité,.
3. « Multilateralism is a tool that America should use to achieve a useful objective. It should not be the objective ». Brett D. Schaefer , « *The United States and the United Nations: What to Expect in the Future »*, The Heritage Foundation., 6-02-2002. (http://www.heritage.org/Research/InternationalOrganizations/LM730.cfm, 23-03-2004).
4. Les néoconservateurs en particulier ont peu d'estime pour les Nations Unies. Voici un exemple tiré du journal néoconservateur *The Weekly Standard* : « L'Amérique n'a pas de problème avec l'idée d'une organisation internationale ; elle a un problème avec l'ONU. L'ONU ne vaut rien. Trop souvent, elle ne peut pas faire la chose juste, et donc elle fait une

Ces reproches sont principalement de deux ordres : l'absence de démocratie et l'accusation d'être une bureaucratie inefficace. Ils ne sont pas le fait propre de l'administration Bush mais résultent d'une tradition de défiance des Etats-Unis vis-à-vis de l'ONU qui se retrouve intégrée dans la « doctrine » Bush. Les critiques se fondent plus sur des perceptions que sur des faits tangibles, comme le démontre l'ancienne secrétaire d'Etat Madeleine K. Albright.[1]

L'absence de démocratie

Tout d'abord, le fait que tous les membres des Nations Unies ne soient pas des démocraties semble gêner les Etats-Unis. Bien que ce soit un principe fondamental des Nations Unies, certains ne comprennent pas que chaque Etat, qu'il soit grand ou petit, riche ou pauvre, démocratique ou non, soit l'égal de l'autre et qu'il ait le même nombre de voix lors des votes à l'Assemblée générale. L'égalité souveraine des Etats est au mieux un mythe selon certains Américains.

Selon John Bolton, qui était à l'époque vice-Président de l'*American Enterprise Institute*, « [a]u vu du scepticisme que les Américains éprouvent généralement envers l'Etat, s'étonnera-t-on que beaucoup d'entre nous ne débordent pas d'enthousiasme pour les Nations Unies, organisation qui regroupe cent quatre-vingt-quatre Etats ? »[2].

L'histoire des relations entre les Etats-Unis et l'ONU n'a pas toujours été facile. Non seulement le conflit est/ouest, mais également le conflit nord/sud ont pris toute leur place dans les débats au sein de l'ONU, pour une grande part à l'Assemblée générale entre 1960 et 1990. Bien souvent, les pays sous influence communiste et les pays nouvellement décolonisés ont utilisé la tribune qu'offrait l'Assemblée générale pour critiquer les Etats-

---

chose mauvaise pour faire *quelque chose* » (America's problem is not with the idea of a world organization ; its problem is with the U.N. The U.N. is no good.Too often it can't do the right thing, and so it does the wrong thing in order to do *something*) David Gelernter, « Replacing the United Nations », *The Weekly Standard*, 17-03-2003.
1. Madeleine K. Albright, « Think Again : The United Nations », *Foreign Policy*, juillet/août 2003.
2. John Bolton, « Le scepticisme des Etats-Unis à l'égard de l'ONU », *United States Information Agency*, mai 1997.

Unis.[1] Les administrations américaines successives, et celle de G. W. Bush en est particulièrement l'héritière, en ont retiré l'image globale d'une institution qui leur est hostile et qui nie leurs valeurs les plus fondamentales, telles que la démocratie. L'Assemblée générale apparaît particulièrement comme incontrôlable. L'un des exemples qui a le plus marqué les Etats-Unis est la résolution 3379 du 10 novembre 1975 où le sionisme était assimilé à une forme de racisme.[2] Ce n'est qu'après seize années que l'administration de G. Bush père en a obtenu le retrait. On peut donc dire que les relations entre les Etats-Unis et l'ONU n'ont jamais été excellentes et ont même parfois été exécrables.

En outre, les dirigeants américains apprécient assez peu la présence de certains membres de l'Organisation à des postes à responsabilité. Les Etats-Unis ont par exemple mal compris l'élection de la Syrie en tant que membre non permanent du Conseil de Sécurité. Ils la soupçonnent de soutenir le terrorisme et de développer un programme d'armes de destruction massive.

L'élection de la Libye, dictature ayant soutenu le terrorisme et avec qui les Etats-Unis ont longtemps rompu leurs relations diplomatiques, à la présidence de la Commission des Droits de l'Homme a suscité un tollé aux Etats-Unis. Les dictatures sont en effet très présentes dans cette commission « afin d'éviter que des rapporteurs soient nommés pour évaluer la situation dans leur pays »[3]. Cela tient au fait que chaque groupe régional dispose d'un certain nombre de sièges dans la commission. La présidence est attribuée successivement à chaque groupe.[4] En 2001, les Etats-Unis avaient été évincés[5], alors qu'ils étaient membre de la Commission depuis sa fondation en 1947, mais ils ont été réélus pour la période 2003-2005. Plus généralement, les Américains déplorent l'inaction de l'ONU dans la diffusion des Droits de l'Homme. La fonction

---

1. L'UNESCO aurait aussi été pendant longtemps un instrument de communistes et de propagande anti-occidentale.
2. John Bolton, « Le scepticisme... », art. cité.
3. Propos tenus par Joanna Weschler, représentante de l'organisation non gouvernementale Human Rights Watch aux Nations Unies depuis 1994. Yann Mens, « Un vrai who's who des Etats autoritaires », *Alternatives internationales*, septembre/octobre 2003, pp. 42-43.
4. Le groupe africain a désigné la Libye le 20-01-2003. C'était leur tour de choisir le président.
5. Richard Boucher, porte-parole du département d'Etat, a déclaré en mai 2001 : « On a du mal à comprendre comment les membres peuvent voter pour le Soudan et pas pour les États-Unis. On a du mal à expliquer comment les membres de la commission peuvent croire ce que disent Cuba et la Chine à propos de la défense des droits de l'homme. »

essentielle de l'organe onusien est de veiller au respect des Droits de l'Homme dans le monde et de dénoncer les abus qui leur sont faits par l'adoption de résolutions. Mais depuis quelques années, la Commission est devenue une assemblée de diplomates où le lobbying s'exerce de la même façon que lors de grandes opérations de commerce international. La composition de la Commission nuit à sa crédibilité et à celle de l'ONU en général et ne fait que renforcer la méfiance des Etats-Unis à l'égard de l'institution.

Les Nations Unies sont également perçues par les dirigeants américains comme une menace à la souveraineté américaine, alors qu'elles n'ont pas d'institutions démocratiques. L'ONU aurait la capacité de limiter la marge de manœuvre de la Maison Blanche. Elle l'empêcherait de pourvoir efficacement à la sécurité des Etats-Unis. Il a ainsi déjà été proposé d'insérer dans la Charte le droit à la guerre préventive.[1] Il est parfois reproché à l'ONU et à ses fonctionnaires d'agir sans devoir en rendre compte à des représentants élus par le peuple. Ainsi, certains aimeraient voir transposées au niveau de l'ONU des procédures américaines dans l'adoption de la législation telles que la transparence et la responsabilité, car ils estiment qu'un transfert de compétence toujours plus grand a lieu au profit des organisations internationales.[2] Les « nouveaux souverainistes » insistent également sur l'absence d'élections au niveau international.

Pour remédier au manque de démocratie de l'ONU, certains proposent la création d'une communauté de démocraties, dans un sens entendu strictement, sous hégémonie américaine.[3] Ainsi, on pourrait mettre fin au « mythe » que représente l'ONU.[4]

---

1. Nile Gardiner & Baker Spring, « Reform the United Nations », *The Heritage Foundation*, 27-10-2003   (http://www.heritage.org/Research/InternationalOrganizations/BG-1700.cfm, 25-02-2004).
2. « Novel forms of international cooperation increasingly call for the transfer of rulemaking authority to international organizations that lack American openness and accountability », Peter J. Spiro, « The New... », art. cité.
3. Daniel Vernet, « Néo-conservateurs... », art. cité.
4. Richard Perle, « Thank God for the death of the UN », *The Guardian*, 21-03-2003.

Une bureaucratie inefficace

L'ONU apparaît bien souvent aux Etats-Unis comme une énorme bureaucratie[1], qui dépense beaucoup d'argent pour un maigre résultat.[2] Les attaques se concentrent sur le Secrétariat général, où la majorité des bureaucrates, parfois corrompus, aurait son travail. Il a également été avancé que les Secrétaires généraux utilisent les moyens qu'ils ont à leur disposition pour contrer la volonté des Etats membres.[3] Beaucoup pensent aux Etats-Unis que l'on devrait réformer les institutions onusiennes afin d'améliorer leur efficacité et leur rendement. Ainsi, une meilleure utilisation de l'argent du contribuable américain améliorerait sensiblement l'image de l'Organisation.

Il y aurait de plus trop peu de fonctionnaires de nationalité américaine employés par l'ONU.[4] La répartition des postes se fait sur une base géographique et non en fonction de la contribution des Etats. Avec la décolonisation, nombre de postes ont été attribués à ces nouveaux pays. Un nouveau système de recrutement, de placement et de promotion du personnel mettant plus l'accent sur le mérite et la compétence que l'ancienneté a été mis en place le 1er mai 2002. L'ONU s'est engagée dans le rapport du Secrétaire général sur « la réforme de la gestion des ressources humaines »[5] à assurer une représentation équitable des Etats et à améliorer la parité entre les sexes tout en s'assurant d'un bon niveau qualitatif du personnel. Les Etats-Unis, comme tous les autres Etats membres, souhaitent voir le nombre de leurs ressortissants aux postes à responsabilité augmenter en espérant acquérir une plus

---

1. Hors agences spécialisées, l'ONU dispose de 15000 employés. *Alternatives internationales*, septembre/octobre 2003, p. 37.
2. Le jour du déclenchement de la guerre en Irak, Richard Perle, membre du Pentagone, a dit : « Le moulin à paroles sur l'Hudson continuera à se lamenter » (« the chatterbox on the Hudson will continue to bleat ») Richard Perle, « Thank... », art. cité.
3. Nile Gardiner & Baker Spring, « Reform the... », art. cité.
4. Déclaration de Liz Nakian, représentante des Etats-Unis à la Commission administrative et budgétaire de l'Assemblée générale de l'ONU : « Nous sommes préoccupés par l'augmentation du nombre de personnes originaires de pays surreprésentés alors que de nombreux pays sont non représentés ou sous-représentés. Nous avons notamment assisté à la diminution spectaculaire du nombre de ressortissants américains à des postes à responsabilité. Le Secrétariat doit prendre des mesures appropriées pour corriger cette situation. » (http://www.un.org/News/fr-press/docs/2002/AGAB727.doc.htm, 10-04-2004).
5. Document A/55/253.

grande influence sur le Secrétariat général. C'est oublier que les employés des Nations Unies doivent servir les buts de l'Organisation, et non ceux de leur Etat d'origine.

Pendant toute la Guerre froide, l'activité du Conseil de Sécurité fut réduite à presque rien du fait de l'opposition permanente des Etats-Unis et l'URSS. Le droit de veto de chacun de ces membres permanents leur permettait d'empêcher toute résolution qui aurait nui à eux-mêmes ou à leurs alliés. Le Conseil de Sécurité fut donc empêché d'agir, alors qu'il était compétent du point de vue de la Charte. Ce blocage a laissé l'impression aux Américains d'une certaine inutilité de l'ONU.

On aurait pu croire que l'ONU serait amenée à jouer un plus grand rôle après la chute de l'Union soviétique. Cependant, elle ne fut pas en mesure de remplir correctement sa mission. Les Etats-Unis en particulier reprochent à l'Organisation des Nations Unies de ne pas mener à bien les missions de maintien de la paix qui lui sont confiées. Le Président Clinton a ainsi mis sur le compte des Nations Unies l'échec cuisant qu'ont connu les Etats-Unis en Somalie en 1993, alors qu'ils ont décidé seuls d'agir, sans en référer aux institutions internationales. L'ONU n'est pas non plus sortie grandie de son inaction au Rwanda et en Bosnie. L'ancienne secrétaire d'Etat Madeleine Albright attribue ces échecs au « manque de mandat, de structure de commandement »[1].

Les Nations Unies ont dû constater, notamment lors du génocide du Rwanda et de la chute de Srebrenica, leur incapacité à faire face à la survenance de crises graves affectant la paix et la sécurité internationales, incapacité largement due à une inadéquation entre le mandat confié à l'ONU par la communauté internationale et les moyens mis à sa disposition pour le remplir. Il a été dès lors décidé de réagir et de former un groupe d'experts chargé d'effectuer des recommandations pratiques et réalisables pour les opérations maintien de la paix. Ces travaux ont débouché sur un rapport publié en août 2000 portant le nom du Président de séance : Lakhdar Brahimi. Ce rapport a donné lieu à un certain nombre de critiques, sans doute dues à son audace. Il dresse un constat des insuffisances rencontrées dans les opérations de

---

[1]. « U.N. peacekeepers lack the mandate, command structure ». Madeleine Albright, « Think Again... », art. cité.

maintien de la paix et formule une série de recommandations visant à corriger des problèmes d'orientation stratégique, de prises de décisions, de rapidité de déploiement, de planification, de soutien des opérations et d'utilisation de moyens informatiques modernes. Plus concrètement, ces recommandations touchent les points suivants[1] :
Les soldats de la paix doivent être en mesure de se défendre ; Une chaîne de commandement bien définie et présentant un front uni doit être prévue ; Une opération de maintien de la paix devrait pouvoir être déployée dans les trente jours qui suivent la résolution du Conseil de sécurité ; Le processus de sélection des responsables de ces missions devrait être rationalisé ; Les Etats membres devraient être incités à constituer des partenariats afin de créer plusieurs forces homogènes de la taille d'une brigade ; Une liste actualisée de personnel à disposition de l'ONU (seulement des officiers) devrait être établie ; Les Etats membres sont encouragés à constituer des réserves nationales de personnel de police civile ; Il faudrait constituer des stocks d'équipement de départ ; Il faudrait augmenter les ressources financières disponibles.

Dans le même ordre d'idée, l'ONU serait incapable d'obtenir l'application des résolutions de Conseil de Sécurité. Elle ne serait donc qu'une institution bavarde qui n'a même pas la possibilité de forcer les Etats destinataires de résolutions à les respecter. Ce fut l'un des arguments de G. W. Bush, lorsqu'il tenta de justifier l'intervention en Irak en 2003.

Enfin, les autorités américaines se plaignent régulièrement de la contribution annuelle des Etats-Unis au budget de l'ONU, qu'elles jugent trop élevée, vu les résultats peu encourageants obtenus.[2] Les Etats-Unis sont en effet le premier contributeur au budget ordinaire de l'ONU. Une controverse a éclaté dans les années 1990 lorsque le Congrès a refusé de payer plusieurs années durant la contribution américaine, ce qui constitue une violation de la Charte. Son article 19 prévoit qu'un membre n'ayant pas payé sa contribution pendant deux ans peut perdre son droit de vote à

---

1. A/55/305-S/2000/809, pp. 62-68.
2. Depuis la création des Nations Unies en 1945, les Etats-Unis sont le principal contributeur au budget ordinaire de l'organisation, actuellement au niveau de 22%. Suivent le Japon (19,52 %), l'Allemagne (9,77 %), la France (6,47 %) et le Royaume-Uni (5,54 %).

l'Assemblée générale.¹ Les dirigeants américains militent depuis plusieurs années pour une répartition plus équitable de la charge financière entre les Etats membres, qu'il s'agisse des membres permanents du Conseil de Sécurité ou non. Juste après le 11 septembre 2001, le Congrès a voté le remboursement des dernières dettes, parce que l'ONU était devenue utile dans la lutte contre le terrorisme.

Un autre leitmotiv dans ce domaine est que les Etats-Unis financent de façon trop importante les opérations de maintien de la paix.² Il convient de rappeler que les opérations de maintien de la paix sont financées selon un barème distinct de celui du budget ordinaire de l'Organisation des nations unies, qui a fait l'objet d'une réforme au mois de décembre 2000. Désormais, les Etats membres sont répartis en neuf catégories de contributeurs en fonction de leur niveau de PNB par habitant par rapport à la moyenne mondiale : les pays dont le PNB par habitant est supérieur à la moyenne mondiale acquittent une quote-part identique à celle du budget ordinaire de l'ONU, tandis que les autres bénéficient d'un dégrèvement plus ou moins important. Ces dégrèvements sont pris en charge par les membres permanents du Conseil de sécurité de l'ONU. Les Etats-Unis assument 26,5% du budget des opérations de maintien de la paix. Il faut ajouter que ce budget a considérablement augmenté dans les dernières années du fait de la multiplication de ces opérations sous l'égide des Nations Unies.

Les reproches que l'on vient d'évoquer se retrouvent dans la bouche même du Président américain, qui qualifia l'ONU d'institution « vieille », dont il faut « réformer la structure »³. Le peu d'estime que portent les autorités américaines à l'ONU

---

1. Art. 19 : « Un Membre des Nations Unies en retard dans le paiement de sa contribution aux dépenses de l'Organisation ne peut participer au vote à l'Assemblée générale si le montant de ses arriérés est égal ou supérieur à la contribution due par lui pour les deux années complètes écoulées. L'Assemblée générale peut néanmoins autoriser ce membre à participer au vote si elle constate que le manquement est dû à des circonstances indépendantes de sa volonté ».
2. Il faut noter que depuis l'élection de G. W. Bush à la Maison Blanche, la contribution des Etats-Unis aux opérations de maintien de la paix a nettement diminué par rapport aux dernières années de la présidence Clinton. Voir « Peacekeeping ; Issues of U.S. Military Involvement », Congress Research Service. De plus, les soldats américains sont loin d'être ceux qui partent le plus souvent dans des opérations de maintien de la paix : ce sont les soldats pakistanais, indiens et bangladais. *Alternatives internationales*, septembre/octobre 2003, p. 37.
3. *Le Monde*, 17-10-2003. Edition en ligne.

s'intègre à leur manque de volonté de s'inscrire dans un règlement systématiquement multilatéral des différends. Que les arguments avancés par l'administration Bush soient généraux, concernant le multilatéralisme, ou plus spécifiques, concernant l'Organisation elle-même, le résultat est identique : l'ONU est, pour les Etats-Unis, « un instrument parmi d'autres de gestion des crises, une boîte à outils dans laquelle ils peuvent puiser comme bon leur semble »[1].

---

1. Alexandra Novosseloff, « L'ONU ... », art. cité, p. 709.

Chapitre 2
L'agenda de l'ONU imposé par les Etats-Unis

Les attentats du 11 septembre 2001 ont permis à l'administration Bush de mettre en œuvre sa « doctrine », légitimée en partie par la lutte contre le terrorisme.[1] La « doctrine » Bush prétend pouvoir régir les rapports internationaux et résoudre les crises qui surviennent. Le volet intellectuel de la « doctrine » Bush prend tout son sens lors de l'étude de son pendant pratique. Les idées développées ci-dessus, telles que le refus d'un multilatéralisme systématique, la défense de la souveraineté et des intérêts américains ou encore l'hostilité marquée à l'égard de l'ONU, entrent alors dans leur champ d'application.

Les Etats-Unis déterminent l'ordre du jour des Nations Unies dans la mesure où les problèmes de la Maison Blanche doivent être traités en priorité et occupent la scène onusienne et internationale pendant des mois, comme le prouvent les nouvelles menaces à la paix et l'affaire irakienne. Ces deux thèmes, qui sont régulièrement repris par l'administration Bush, sont en partie inclus dans le rapport des personnalités de haut niveau commandé par le secrétaire général Kofi Annan, « Un monde plus sûr : notre affaire à tous ».[2]

1. Une implication de l'ONU variable dans la lutte contre les nouvelles menaces à la paix

La guerre contre le terrorisme n'est pas devenue après le 11 septembre 2001 le nouveau principe directeur de la politique

---
1. Peter Rudolf, « Ein neues strategisches... », art. cité, p. 7.
2. Le rapport a été rendu public le 2-10-2004. Les six menaces recensées sont : la guerre entre Etats, la violence à l'intérieur des Etats, la pauvreté, les maladies infectieuses et la dégradation de l'environnement, les armes nucléaires, radiologiques, chimiques et biologiques, le terrorisme et la criminalité transnationale organisée.

extérieure des Etats-Unis mais la légitimation de la « doctrine » Bush.[1] Dans le traitement des nouvelles menaces à la paix, si les Etats-Unis ont décidé de travailler dans le cadre des Nations Unies pour lutter contre le terrorisme, il n'en est pas allé de même dans la lutte contre les armes de destruction massive.

La large implication des Nations Unies dans la lutte contre le terrorisme

Depuis le 11 septembre 2001, l'administration Bush a fait de la lutte contre le terrorisme la ligne directrice de sa politique étrangère. Elle a même érigé cette lutte en une « guerre contre le terrorisme »[2], de telle sorte que l'administration Bush prétend que le droit de la guerre s'en trouve étendu mais en refusant cette extension de champ d'application au droit humanitaire.[3]

L'aide des Nations Unies s'est très vite révélée primordiale pour obtenir le soutien des autres Etats dans un combat à la dimension planétaire. Le Conseil de Sécurité a fait sien le combat de Etats-Unis. Il déclara ainsi dans la résolution 1377 du 12 novembre 2001 que « les actes de terrorisme international constituent l'une des menaces les plus graves à la paix et à la sécurité internationales au XXIe siècle » (§ 2). C'est parce que les Etats-Unis ne pouvaient venir seuls à bout du problème qu'ils se sont tournés vers l'ONU. En effet, le terrorisme international, tel qu'il existe de nos jours, n'est plus seulement le fait des Etats, mais également de groupes interconnectés se situant dans différents pays du monde. Le terrorisme islamiste par exemple est devenu un phénomène qui dépasse le cadre traditionnel de l'Etat-Nation. Certains qualifient même le terrorisme actuel de « terrorisme catastrophique » (*catastrophic terrorism*). Il se caractériserait,

---

1. Peter Rudolf, « Ein neues strategisches… », art. cité, p. 7.
2. Décret présidentiel (*military order*) du 13-11-2001.: « Des terroristes internationaux, y compris des membres d'Al-Qaida, ont mené des attaques (…) aux Etats-Unis sur une échelle qui a créé un état de conflit armé qui requiert l'utilisation des forces armées des Etats-Unis. » (International terrorists, including members of al Qaida, have carried out attacks (...) within the United States on a scale that has created a state of armed conflict that requires the use of the United States Armed Forces) Disponible sur le site de la Maison Blanche.
3. Voir Philippe Weckel, « Terrorisme et droit de la guerre : le droit de la « guerre contre le terrorisme » », in Société française pour le droit international, *Les nouvelles menaces contre la paix et la sécurité internationales. New Threats to International Peace and Security*, Paris, Pédone, 2004, p. 176.

d'une part, comme « l'une des manifestations de la globalisation ou du globalisme »[1] et, d'autre part, par les armes, notamment de destruction massive, que les terroristes sont susceptibles de posséder. Les réponses qui doivent y être apportées afin de punir les auteurs d'attentats et d'empêcher la survenance de tels actes nécessitent une plus grande concertation entre les Etats. Les Nations Unies forment pour cela un cadre idéal que l'administration Bush saura utiliser.

Certains ont pu parler du 11 septembre 2001 comme d'une rupture dans le terrorisme, particulièrement dans ses conséquences sur le droit international.[2] D'une part, alors que le droit international s'est donné pour tâche première depuis la Seconde Guerre mondiale de protéger l'individu des souffrances que l'Etat peut lui infliger, les attentats du 11-septembre ont révélé une « société incivile »[3] sur la scène internationale, qui « va obliger le droit international à repenser les rapports entre l'Etat et la personne privée »[4]. D'autre part, le 11-septembre a mis le droit international au défi de rendre compte de ces actes, de les sérier correctement, notamment par rapport au droit de la légitime défense.

Cependant, il n'est pas inutile de rappeler que le terrorisme n'est toujours pas défini en droit international. Le comité ad hoc sur le terrorisme mis en place par l'Assemblée générale en 1996 est toujours paralysé par les différences d'opinion sur les sujets habituels tels que l'inclusion ou l'exclusion du terrorisme d'Etat, le conflit israélo-palestinien au Proche-Orient sous-tendant les interventions de beaucoup d'Etats de la région.[5]

Les Etats-Unis se sont immédiatement après le 11 septembre 2001 prévalus de leur droit à la légitime défense, tel qu'il est

---

1. « One of the manifestations of globalization or globalism », Hanspeter, Neuhold, « Post-cold war terrorism : systemic background, phenomenolgy and definitions », in Société française pour le droit international, *Les nouvelles menaces contre la paix et la sécurité internationales. New Threats to International Peace and Security*, Paris, Pédone, 2004, p. 23.
2. Hélène Tigroudja, « Quel(s) droit(s) applicable(s) à la « guerre au terrorisme » ? », *Annuaire français de droit international*, 2002, p. 81.
3. Brigitte Stern, « Le contexte juridique « de l'après » 11-septembre », *in* Karine Bannelier & Théodore Christakis & Olivier Corten & Barbara Delcourt (dir.), *Le droit international face au terrorisme*, Paris, Pédone, 2002, p. 5.
4. Hélène Tigroudja, « Quel(s) droit(s)... », art. cité.
5. Hanspeter Neuhold, « Post-cold war terrorism ... », art. cité, p. 29. L'Union européenne, quant à elle, s'est dotée d'une définition commune du terrorisme dans la décision-cadre du Conseil du 13-06-2002 (2002/475/JAI)

mentionné à l'article 51 de la Charte. Celui-ci prévoit un recours à la légitime défense dans le cas d'une « agression armée »[1]. Un problème s'est posé quant à savoir de qui provenait l'agression.[2] Le terrorisme a compliqué la vérification de l'implication d'un Etat dans l'agression. La définition de l'agression donnée dans la résolution 3314 de l'Assemblée générale du 14 décembre 1974 parle de « l'engagement substantiel » d'un Etat qui implique que celui-ci puisse être responsable d'une agression dite indirecte. L'intérêt pour les Etats-Unis et les membres de leur coalition résidait dans le lien qu'ils pouvaient établir entre l'organisation Al-Qaida et le régime des Taliban en Afghanistan. « Il suffit que son soutien [le soutien de l'Etat] ait été suffisant pour constituer en son chef une agression »[3]. Le point de savoir si le lien entre les terroristes et l'Etat afghan était suffisant a fait l'objet de débats dans la doctrine. La question de l'imputation des actes terroristes à l'Etat afghan a également été discutée. Il s'agissait de savoir si « « l'attaque » dont est victime un Etat présente les caractères d'une (...) agression ouvrant droit à la légitime défense et, dans l'affirmative, contre « qui » celle-ci doit être dirigée, sachant que, sauf à se cantonner dans la haute mer, l'un ou l'autre Etat sera nécessairement impliqué à la riposte ». La doctrine a montré des réserves à admettre que les actes du 11-septembre sortent d'un cadre étatique, ce qui aurait équivalu à reconnaître une agression « privée ». J. Verhoeven y verrait un « recentrage sur la personne humaine d'un droit international en voie de désétatisation »[4].

Le recours à la force rencontre deux séries de limitations. Tout d'abord, l'Etat agressé doit respecter des limitations matérielles. Le recours à la force ne peut avoir qu'un seul objectif : « mettre fin à la menace que l'attaque/agression fait peser sur l'indépendance politique, l'intégrité territoriale ou la souveraineté de l'Etat qui en est la victime »[5]. En fait, les Américains et les Britanniques ont affiché des objectifs relativement ambitieux.[6] Le recours à la force

---
1. Les versions anglaise et espagnole de la Charte mentionnent une « attaque armée ».
2. Joe Verhoeven, « Les « étirements »... », art. cité, p. 56.
3. Idem, p. 57.
4. Idem, pp. 59 et 62.
5. Idem, pp. 64-65.
6. Le Congrès américain a autorisé le 15-09-2001.le Président « à utiliser toute la force nécessaire et appropriée contre les nations, les organisations ou les personnes qu'il (le Président) pense avoir planifié, autorisé, commis ou facilité les attaques terroristes (...) ou

doit de plus être « nécessaire » et « proportionnel », même si l'Etat agressé dispose d'une marge d'appréciation. Il apparaît que cette limitation n'a pas été respectée par les Etats-Unis et leurs alliés si l'on considère l'étendue des opérations militaires en Afghanistan. L'Etat doit de plus respecter des limitations temporelles. La riposte doit être « immédiate », mais aucun délai n'est prévu. Elle doit cesser à partir du moment où la menace pour la sécurité disparaît mais la lutte contre le terrorisme est une lutte de long terme. On sort alors du droit à la légitime défense. Enfin, la riposte doit être provisoire et subsidiaire : on ne peut exercer ce droit à la légitime défense que dans la mesure et tant que le Conseil de Sécurité n'est pas effectivement intervenu. Bien que le « droit inhérent à la légitime défense individuelle ou collective conformément à la Charte » soit reconnu (§ 3 du préambule), le Conseil de Sécurité, dans sa résolution 1368 du 12 septembre 2001, s'est simplement déclaré « prêt à prendre toutes les mesures nécessaires pour répondre aux attaques terroristes du 11 septembre 2001 et pour combattre le terrorisme sous toutes ses formes » (§ 5). Les dispositions de la résolution 1373 du 28 septembre 2001 se révèlent quant à elles trop générales pour assurer une véritable sécurité collective.

Bien que le Conseil de sécurité ait constaté l'agression dans sa résolution 1368 quand il qualifie les actes du 11 septembre 2001 de « menace à la paix et à la sécurité internationales » (§ 1), il n'a pas décidé de recourir à la force. Le Conseil de Sécurité n'a pris en charge que le volet non militaire de la lutte contre le terrorisme, « ce qui donne de la sécurité collective une image assez curieuse »[1]. Ce sont les Etats-Unis et leurs alliés qui ont mené les opérations en Afghanistan, sans autorisation explicite du Conseil. J. Verhoeven résume en trois questions les problèmes soulevés par le 11-septembre :
- *« des attaques « privées » peuvent-elles être constitutives d'une attaque/agression au sens de l'article 51 de la Charte ?*
- *la riposte à l'attaque/agression peut-elle être décidée alors même que plus aucun péril immédiat ne paraît imposer le recours*

---

avoir hébergé de telles organisations ou personnes pour empêcher toute attaque future du terrorisme international contre les Etats-Unis ».
1. Joe Verhoeven, « Les « étirements »... », art. cité, p. 76.

unilatéral à la force armée, ce qui lui assigne nécessairement des objectifs qui ne sont plus strictement de « défense » ?
- la légitime défense autorise-t-elle à prendre des mesures sur le territoire d'Etats auxquels aucune attaque/agression ne peut être, directement ou indirectement, reprochée ? »[1]

Au-delà de l'aspect juridique, il faut voir dans la résolution 1368, et dans celles qui l'ont suivies, les intérêts des autres membres permanents du Conseil de Sécurité : les Russes et les Chinois se trouvaient confortés dans leur propre lutte contre le terrorisme et pouvaient « sortir d'une période de rapports stériles avec les Etats-Unis »[2]. Quant aux Français et aux Britanniques, cela leur permettait de « rester dans le jeu »[3].

Dans sa résolution 1373 du 28 septembre 2001, le Conseil de Sécurité s'est adressé aux Etats afin qu'ils luttent sur leur propre territoire contre le terrorisme, notamment en menant une politique de répression vis-à-vis des terroristes (§ 1, sous a et b), en supprimant les sources de financement du terrorisme (ce qui sera par la suite repris par la résolution 1377 du 12 novembre 2001), en accélérant les échanges d'information (§ 3 sous a et b) et en coopérant davantage (§ 3 sous c et e).[4]

Le Conseil a de plus créé un comité « composé de tous les membres du Conseil et chargé de suivre l'application de la présente résolution avec l'aide des experts voulus » (§ 6). Ce comité a un rôle moteur en ce qui concerne le renforcement par les Etats de leur législation contre le terrorisme et la ratification des traités sur le sujet.[5] Ses méthodes d'opération et sa focalisation sur le

---

1. Idem, pp. 78-79.
2. Claire Tréan, « La réponse unanime à une menace planétaire », *Le Monde*, 19-11-2001.
3. Ibid.
4. Le renforcement des moyens de la lutte contre le terrorisme, en particulier depuis le 11 septembre 2001, à savoir la répression pénale renforcée par la coopération internationale, la prévention de nouveaux actes, ainsi que le contrôle du financement du terrorisme et le combat contre l'usage de la force par des acteurs non-étatiques à travers des mesures de sécurité collective, peut représenter un danger pour l'Etat de droit et le respect des droits de l'Homme. Ces moyens ne prouvent d'ailleurs par leur efficacité, que ce soit en Palestine, en Irak ou en Tchétchénie, ce qui peut conduire à une réflexion sur l'utilité de cette manière de lutter contre le terrorisme, qui néglige totalement les racines du terrorisme. Voir Michael Bothe, « The International Community and Terrorism », in Société française pour le droit international, *Les nouvelles menaces contre la paix et la sécurité internationales. New Threats to International Peace and Security*, Paris, Pédone, 2004, pp. 47-48 et 59-60.
5. Michèle Poulain, « Les attentats du 11-septembre et leurs suites. Quelques points de repère », *Annuaire français de droit international*, 2002, p. 40.

développement des relations avec les organisation internationales, régionales et infrarégionales ont largement été façonnées par le premier Président du comité, l'ambassadeur du Royaume-Uni à l'ONU, Jeremy Greenstock.[1] Celui-ci n'a pas voulu faire du comité un comité de sanctions qui aurait eu pour tâche de poursuivre et condamner les Etats, ce qui lui a permis de bénéficier, au moins virtuellement, du soutien de chacun des 191 Etats membres de l'ONU. Les résultats obtenus par le comité sont relativement bons car de nombreux Etats ont modifié leur législation et plusieurs institutions internationales ou régionales ont adopté des programmes afin de mieux lutter contre le terrorisme.

L'ONU se trouve au centre d'un processus de traitement multilatéral de la question du terrorisme, même si elle est instrumentalisée. Les Etats-Unis considèrent avant tout les résolutions du Conseil de Sécurité comme une facette parmi d'autres de la lutte anti-terroriste. Mais sans l'ONU, les Etats-Unis auraient rencontré d'énormes difficultés à faire coopérer tous les Etats membres, notamment en ratifiant les conventions internationales de lutte contre le terrorisme. Avec le secours du Conseil de Sécurité, la tâche est beaucoup plus facile, en partie parce que ce sont les Nations Unies qui demandent aux Etats membres de lutter contre le terrorisme et non les Etats-Unis eux-mêmes.

Le 12 novembre 2001, le Conseil de Sécurité a adopté la résolution 1377 qui rappelle le comportement que doivent suivre les Etats membres dans la lutte contre le terrorisme. La résolution insiste notamment sur le financement du terrorisme, qui est devenu un sujet incontournable depuis le 11 septembre 2001[2]. Les Etats sont priés de devenir le plus tôt possible partie aux traités internationaux relatifs au terrorisme international (§ 9)[3].

---

1. Eric Rosand, « Security Council Resolution 1373, the Counter-Terrorism Committe, and the Fight Against Terrorism », *American Journal of International Law*, avril 2003, p. 335.
2. Yas Banifatemi, « La lutte contre le financement du terrorisme international », *Annuaire français de droit international*, 2002, p. 103. La lutte contre le financement du terrorisme international a été entamée dès la fin des années 1990. L'Assemblée générale des Nations Unies a notamment adopté dans sa résolution 54/109 du 9-12-1999 la Convention internationale des Nations Unies pour la répression du financement du terrorisme.
3. Toutefois, n'ont été conclues que des conventions luttant contre certains aspects du terrorisme, ce qui fait dire à certains que les réactions de la communauté internationale face au terrorisme restent « ponctuelles et sectorielles », Neuhold, Hanspeter, « Post-cold war terrorism ... », art. cité, p. 34.

La résolution 1566 du 8 octobre 2004 condamne quant à elle, pour la première fois, « les actes criminels, notamment ceux dirigés contre des civils » (§ 3). Elle a en outre créé un groupe de travail « chargé d'examiner et de lui recommander des mesures concrètes à prendre contre les particuliers, groupes et entités participant ou associés à des activités terroristes autres que ceux visés par la liste arrêtée par le Comité des sanctions » (§ 9). Enfin, elle étend les missions du Comité contre le terrorisme, créé par la résolution 1373, en le chargeant « de commencer sans délai (...) à envoyer des missions dans les États, avec leur consentement, afin de mieux suivre l'application de la résolution 1373 (2001) et de faciliter la fourniture aux États concernés de l'assistance technique et autre nécessaire » (§ 8).

C'est ainsi que les Nations Unies sont le plus utile aux Etats-Unis : elles leur permettent d'amplifier le message que l'administration Bush veut faire passer. Ce message perd sa connotation américaine car le Conseil de Sécurité le reprend à son compte. L'impact de la lutte contre le terrorisme menée par l'ONU est plus grand que la lutte des seuls Américains avec leurs alliés, car il y a de fortes chances pour que nombre d'Etats se plient plus facilement à une résolution onusienne qu'à une demande de la Maison Blanche. Par son caractère universel, l'ONU permet de toucher à moindre frais tous les pays du globe.

La lutte contre le terrorisme eut pour autre théâtre l'Afghanistan. Les Etats-Unis ont invoqué le droit à la légitime défense pour intervenir dans ce pays. Le régime des Talibans a été accusé par le gouvernement américain de protéger Oussama Ben Laden et l'organisation terroriste Al-Qaida, qui seraient à l'origine des attentats du 11-septembre. Les opérations militaires ont commencé le 7 octobre 2001. L'Afghanistan fut une première mise en pratique des « coalitions de volontaires » (« coalition of the willing »), c'est-à-dire que les Etats-Unis bâtissent une coalition avec les alliés qui sont disposés à participer : « La mission doit déterminer la coalition ; la coalition ne doit pas déterminer la mission »[1]. Ce genre de coalition permet aux Etats-Unis d'avoir les

---

1. Propos tenus par D. Rumsfeld, Secrétaire à la Défense, et cités dans G. John Ikenberry, « America's... », art. cité.

mains libres puisque ne sont associés que les Etats qui acceptent les conditions fixées par les Américains.

Très vite, le régime afghan s'est effondré et les problèmes politiques sont apparus. La reconstruction politique du pays était difficile en raison de l'existence de nombreuses ethnies rivales. Les « chefs de guerre », en particulier ceux de l'Alliance du Nord, ne voulaient quant à eux pas abandonner la part de pouvoir qu'ils avaient conquis par les armes.

Le 13 novembre 2001, Lakhdar Brahimi, nommé par Kofi Annan Représentant spécial pour l'Afghanistan le 3 octobre 2001, a présenté au Conseil de Sécurité un projet de règlement politique pour l'Afghanistan.[1] Son plan en cinq points servira de base effective au processus de restauration des institutions afghanes.

Le 5 décembre 2001, à la conférence de Bonn, sous l'égide de l'ONU, un accord fut conclu par quatre délégations afghanes. L'accord prévoit une transition politique en plusieurs phases.[2] Un gouvernement reconnu par la communauté internationale, occupant le siège de l'Afghanistan aux Nations Unies, a été créé. Hamid Karzaï en a été nommé Président. Il a été confirmé à ce poste par l'élection présidentielle du 9 octobre 2004.[3]

Une Force internationale d'assistance à la sécurité (ISAF) a été mise sur pied par la résolution 1386 du 20 décembre 2001 (§ 1) pour assurer la sécurité de Kaboul et de ses environs. Elle cohabite avec les forces américaines demeurées sur le terrain, entre autres pour combattre les dernières poches de résistance des Talibans. Les Etats-Unis ont freiné le déploiement de cette force, car ils estimaient alors qu'elle allait les empêcher de poursuivre leur objectif principal, à savoir la destruction d'Al-Qaida.

Une Mission d'Assistance des Nations Unies en Afghanistan (MANUA) a été créée par la résolution 1401 du 28 mars 2002 du Conseil de Sécurité afin de s'acquitter des tâches confiées à l'ONU par l'Accord de Bonn, approuvé par le Conseil de Sécurité dans sa résolution 1383 du 6 décembre 2001. Ces tâches recouvrent les domaines des droits de l'homme, de l'état de droit et de la promotion de la femme. Elle devra également « promouvoir la

---

1. Michèle Poulain, « Les attentats du... », art. cité, p. 34.
2. Chronique des faits internationaux, RGDIP, 2002, p. 138.
3. Françoise Chipaux, « Hamid Karzaï a été formellement déclaré président élu de l'Afghanistan », *Le Monde*, 5-11-2004.

réconciliation et le rapprochement à l'échelle nationale grâce aux bons offices du Représentant spécial du Secrétaire général ».[1]

Dans le cadre de son rôle en matière de droits de l'homme, la MANUA a notamment eu à connaître des supposés crimes de guerre commis par l'Alliance du Nord lors des combats l'opposant aux Talibans.[2] Cependant, l'ONU ne voulait pas « donner l'impression d'enquêter sur des crimes commis contre les Talibans, alors même que les crimes commis par les Talibans sont toujours impunis ».[3]

Quant au relèvement économique de l'Afghanistan, il fut entre autres facilité par la tenue d'une conférence des pays donateurs les 21 et 22 janvier 2002 à Tokyo. A l'initiative des Etats-Unis, se réunirent alors une soixantaine de pays et organisations internationales, des ONG et l'Administration intérimaire de H. Karzaï.

L'ONU a été largement associée à la reconstruction politique de l'Afghanistan en supervisant la formation de l'Administration intérimaire. Du point de vue des opérations militaires, de la traque d'O. Ben Laden ou encore de la destruction d'Al-Qaida sur le territoire afghan, les Etats-Unis se sont au contraire dispensés de son aide. Ils ont fait preuve d'un recours sélectif aux Nations Unies : ils se sont réservé la phase militaire, qu'ils jugent la plus importante, et s'engagent dans le multilatéralisme dans la reconstruction politique et économique.

La mise à l'écart de l'ONU dans la lutte contre les armes de destruction massive

La politique extérieure américaine en matière de lutte contre les armes de destruction massive se caractérise par deux tendances, qui pourraient mettre en péril leur position traditionnelle dans ce domaine, qui a été de soutenir les traités tels que la Convention sur les Armes Biologiques (CAB) ou le Traité de Non prolifération

---

1. Chronique des faits internationaux, *RGDIP*, 2002, p. 658.
2. Un mémorandum confidentiel de l'ONU relatif à ce sujet a été rendu public par *Newsweek* le 26-08-2003.
3. Chronique des faits internationaux, *RGDIP*, 2002, p. 919.

Nucléaire (TNP)[1] : premièrement, les autorités américaines se détournent des accords multilatéraux existants. Cela s'inscrit dans la logique de l'administration Bush du refus des contraintes du droit international. Les Etats-Unis ont par exemple bloqué les négociations du protocole de vérification de la CAB.[2] Ce protocole aurait complété la CAB de 1972 mais les Etats-Unis ont invoqué leur sécurité nationale, c'est-à-dire qu'ils se réservent de mener de nouvelles recherches dans ce domaine, et les droits de propriété intellectuelle des entreprises pour empêcher qu'un accord ne soit trouvé. Les Etats-Unis ont refusé de ratifier le TICE et la Convention d'Ottawa et dénoncé le traité ABM.[3] Deuxièmement, les Etats-Unis renforcent leur atout militaire dans ce domaine. Ils pensent ainsi au développement d'armes atomiques nouvelles, capables d'atteindre des bunkers enterrés. Ce genre de course à l'armement pousse les autres Etats, qui se sentent visés, à se doter eux-mêmes d'armes de destruction massive pour assurer leur survie. En effet, « [u]ne accélération des programmes militaires d'un pays – surtout perçu comme agressif avec les faibles, comme c'est le cas actuellement des Etats-Unis – provoque nécessairement un effort de rattrapage ou de contournement chez l'adversaire »[4]. Les Etats qui peuvent se sentir menacés par les développements militaires des Etats-Unis peuvent être incités à se lancer eux-mêmes dans le développement de nouvelles armes ou être dissuadés de ratifier des traités de réduction des armements car ils réduiraient ainsi leurs possibilités de réagir à une agression des Etats-Unis par exemple. C'est ce que l'on retrouve, entre autres, dans les justifications des programmes iranien et nord-coréen. Le fait que les Etats-Unis soient revenus sur leur engagement de 1978[5] de ne pas utiliser d'armes nucléaires contre des pays qui n'en possèdent pas incite également certains Etats à chercher à se défendre. Combinée avec la doctrine de la guerre préventive, cette

---

1. Henning Riecke, « Nichtverbreitungspolitik. Im Aufwind oder in der Krise », *Internationale Politik*, janvier 2004, p. 8.
2. Ibid.
3. Voir *supra*.
4. Pascal Boniface, « Washington relance la prolifération nucléaire. Un engrenage périlleux », *Le Monde diplomatique*, octobre 2003.
5. En 1978, puis de nouveau en 1995, les États-Unis se sont engagés à ne jamais utiliser d'armes nucléaires contre des pays non nucléaires signataires du TNP, sauf en cas d'attaques menées de concert avec un État nucléaire. On appelle cela les « garanties négatives de sécurité ». Ibid.

nouvelle approche peut faire craindre une attaque américaine avec des bombes atomiques contre des Etats qui ne les ont pas attaqués.

Le Président Bush a lancé le 31 mai 2003 la *Proliferation Security Initiative* (PSI), qui est un instrument multilatéral de lutte contre la prolifération des armes de destruction massive. Seuls des Etats occidentaux alliés des Etats-Unis, dix au total, sont associés à cette initiative.[1] Leur but est de « créer une approche plus dynamique, créative et solide pour empêcher les armes de destruction massive, les missiles et les technologies qui y sont liées de circuler en provenance et vers des pays soupçonnés de prolifération »[2]. En septembre 2003, une « déclaration des principes d'interdiction » (*Statement on Interdiction Principles*) a été adoptée par ces mêmes Etats et le sous-secrétaire d'Etat J. Bolton assure que plus de cinquante pays dans le monde soutiennent l'initiative et la déclaration. Des exercices communs ont déjà eu lieu dans plusieurs régions du monde. Les Etats-Unis, soutenus par la France, ont tenté d'inclure la PSI dans la résolution 1540 du 28 avril 2004, par laquelle le Conseil de Sécurité tente de lutter contre la prolifération des armes nucléaires, chimiques et biologiques.[3] La Chine s'est opposée à ce que la PSI soit mentionnée car elle craignait que celle-ci ne puisse être utilisée pour mener un blocus naval, contre la Corée du Nord par exemple. Les Etats-Unis et la France estiment au contraire que la référence à une « action coopérative »[4] dans la résolution suffit à lui donner le fondement juridique qui lui manquait. Cette résolution 1540 tend à faire du Conseil de Sécurité une sorte de « législateur mondial »[5]. La résolution 1373, relative à la lutte contre le terrorisme, avait initié cette voie : « Pour la première fois, le Conseil édictait des

---

1. Ces Etats sont : l'Australie, la France, l'Allemagne, l'Italie, le Japon, les Pays-Bas, la Pologne, l'Espagne et le Royaume-Uni.
2. « Our goal is to create a more dynamic, creative, and robust approach to preventing WMD, missiles, and related technologies flowing to and from countries of proliferation concern ». John R. Bolton, « The New World After Iraq: The Continuing Threat of Weapons of Mass Destruction » (http://www.state.gov/t/us/rm/25752.htm, 10-03-2004).
3. Corine Lesnes, « Le Conseil de Sécurité adopte une résolution antiprolifération controversée », *Le Monde*, 2/3-05-2004.
4. Paragraphe 10 : « [Le Conseil de Sécurité] demande à tous les Etats, comme autre moyen de contrer cette menace, de mener, avec l'aval de leurs autorités légales nationales, dans le respect de leur législation et conformément au droit international, une action coopérative visant à prévenir le trafic des armes nucléaires, chimiques ou biologiques, de leurs vecteurs et des matériels connexes ».
5. Corine Lesnes, « Le Conseil de Sécurité, législateur mondial ? », *Le Monde*, 10-04-2004.

mesures de droit, rompant avec la tradition qui confie à l'Assemblée générale le soin d'élaborer des traités internationaux ».[1] En effet, la résolution 1373 « constitue un cas très exceptionnel de législation unilatérale internationale à portée immédiate obligatoire pour tous les Etats membres de l'ONU »[2].

L'administration américaine a également activé le G8 en juin 2002 au sommet de Kananaskis au Canada. La *G8 Global Partnership Initiative* a pour but de lever des fonds pour « la non-prolifération, le désarmement et la sûreté nucléaire ». D'autres pays, tels que la Norvège, la Pologne, la Suisse, la Finlande et la Suède, se sont associés à l'initiative depuis. Les efforts des autorités américaines se tournent particulièrement vers la Russie, car cette dernière est un pays charnière dans la lutte contre la prolifération. Elle possède en effet de nombreuses armes de destruction massive qu'elle n'est plus en mesure d'entretenir et de protéger contre les trafics.

Ces deux initiatives, bien que multilatérales, n'en sont pas moins une façon de contourner l'organe multilatéral par excellence : l'ONU. Plutôt que de travailler à travers elle, les Etats-Unis préfèrent constituer autour d'eux un groupe d'Etats, choisi par eux, pour poursuivre leur objectif de lutte contre la prolifération des armes de destruction massive. Il manque surtout à ces groupes la capacité que possède l'ONU de contraindre le maximum d'autres Etats dans le monde à accepter de se plier à cette lutte, dans le cadre notamment de traités internationaux. On peut mettre en doute l'efficacité de la combinaison de telles initiatives avec le TNP, par exemple, car les Etats-Unis sortent du cadre multilatéral universel. L'administration Bush préfère travailler avec leurs alliés plutôt qu'avec une organisation, les Nations Unies, en laquelle ils ont peu confiance. Or, le TNP assorti de son protocole sur les vérifications est à ce jour l'instrument international le plus contraignant dans la lutte contre la prolifération des armes nucléaires. Les initiatives des Etats-Unis n'emportent aucune obligation juridique pour les pays qui sont effectivement les

---

1. Ibid.
2. Pierre-Marie Dupuy, « La communauté internationale et le terrorisme », in Société française pour le droit international, *Les nouvelles menaces contre la paix et la sécurité internationales. New Threats to International Peace and Security*, Paris, Pédone, 2004, p. 36.

destinataires de cette lutte contre la prolifération. Il serait peut-être plus efficient de consacrer toute son énergie à faire respecter ce traité.

Les Etats-Unis tentent de lutter contre la prolifération nucléaire dans trois pays principalement, inscrits par le Président Bush dans « l'axe du mal » : la Corée du Nord, l'Iran et l'Irak. Ce dernier pays ne pose plus de problème de ce point de vue depuis que les Etats-Unis l'ont envahi et qu'aucune arme de destruction massive n'y a été trouvée.

Dans la gestion de la crise nord-coréenne, qui s'est ouverte en 2002, les Nations Unies sont presque totalement absente.[1] Dès l'arrivée de G. W. Bush à la Maison Blanche, la position américaine s'est durcie à l'égard de la dictature communiste, qui a perçu cette hostilité comme une menace à sa sécurité.[2]

Sous la pression de l'URSS, la Corée du Nord a adhéré au Traité de Non Prolifération nucléaire (TNP) en 1985. Une crise avait déjà secoué les relations américano-nord-coréennes en 1994 : les inspecteurs de l'Agence Internationale de l'Energie Atomique[3] (AIEA) étaient convaincus que Pyongyang avait produit plus de plutonium que ce qu'il avait déclaré. Un accord est alors intervenu : la Corée du Nord s'est engagée « à geler son programme nucléaire, à rester membre du TNP, à placer sous scellés et sous contrôle international les barres de combustible retirées du complexe de Yongbong ». Les Etats-Unis se sont de leur côté engagés à aider la RPDC à se doter de centrales à eau légère, peu propices à la prolifération, et à livrer du pétrole. L'ONU avait été relativement impliquée à l'époque : les Etats-Unis avaient pressé le Conseil de Sécurité d'adopter des sanctions sévères à l'égard de la Corée du Nord. Les événements récents voient au contraire un effacement total des Nations Unies au profit d'une diplomatie multilatérale sous la direction des Etats-Unis.

---

1. Chronique des faits internationaux, *RGDIP*, 2003, p 131.
2. James T. Laney & Jason T. Shaplen, « How to Deal With North Korea », *Foreign Affairs*, mars/avril 2003.
3. L'AIEA a été créée en 1957 et placée sous l'égide de l'ONU. C'est un forum intergouvernemental scientifique et technique qui a pour but d'encourager et de faciliter le développement et l'utilisation dans le monde de l'énergie nucléaire à des fins pacifiques. L'Agence est notamment chargée dans le cadre du TNP de contrôler l'usage pacifique des matières nucléaires dans les pays parties au Traité non dotés de ces armes. (www.ladocfrancaise.gouv.fr/dossier_international/nucleaire/accords/onu.shtml, 31-01-2004).

Pendant l'été 2002, les services de renseignement américains ont acquis la certitude que la RPDC avait violé l'accord de 1994 en poursuivant secrètement son programme nucléaire, vraisemblablement parce que ce régime totalitaire paranoïaque le voyait comme un droit souverain et une nécessité pour assurer sa sécurité, en particulier depuis que l'administration Bush avait proclamé sa doctrine de la « guerre préventive ».[1]

En décembre 2002, la Corée du Nord a fait sauter les scellés de l'AIEA dans ses usines et démantelé les équipements de surveillance puis expulsé les inspecteurs de l'AIEA encore sur place.[2] Le 10 janvier 2003, elle a annoncé son retrait du TNP mais n'a pas respecté les formes prévues à l'article 10 du traité.[3] Le Conseil de Sécurité n'a ainsi pas été prévenu trois mois auparavant. Ce manque de respect des formes du retrait a conduit l'AIEA à toujours considérer la Corée du Nord comme membre du TNP.

La Corée du Nord souhaitait obtenir des Etats-Unis la signature d'un pacte de non-agression, ce que ceux-ci refusaient. Ils ne voulaient pas non plus des négociations bilatérales réclamées par Pyongyang, même s'ils souhaitaient une résolution pacifique de la crise, comme l'a déclaré le Président Bush le 31 décembre 2002.[4] Les Etats-Unis étaient d'un côté soumis à des pressions, de la part de la Russie et de la Chine notamment, pour qu'ils négocient avec la Corée. D'un autre côté, ils ne voulaient pas encourager les « Etats voyous ».

Les Etats parties à cette crise, dans un climat de tension tant militaire que diplomatique, ont en tout cas toujours évité que l'ONU ne se saisisse du problème, car ils sont unanimes à penser que cela ne ferait qu'aggraver la tension. Mais le Conseil des Gouverneurs de l'AIEA a transmis la question au Conseil de Sécurité et à l'Assemblée générale le 12 février 2003 « en adoptant

---

1. James T. Laney & Jason T. Shaplen, « How to Deal... », art. cité.
2. Chronique des faits internationaux, *RGDIP*, 2003, p. 440.
3. Article 10 du TNP : « 1. Chaque Partie, dans l'exercice de sa souveraineté nationale, aura le droit de se retirer du Traité si elle décide que des événements extraordinaires, en rapport avec l'objet du présent Traité, ont compromis les intérêts suprêmes de son pays. Elle devra notifier ce retrait à toutes les autres Parties du Traité ainsi qu'au Conseil de sécurité de l'Organisation des Nations Unies avec un préavis de trois mois. Ladite notification devra contenir un exposé des événements extraordinaires que l'État en question considère comme ayant compromis ses intérêts suprêmes. (...) »
4. « La situation peut être résolue pacifiquement par la diplomatie » Chronique des faits internationaux, *RGDIP*, 2003, p. 441.

une résolution entérinant le rapport de son directeur général, M. ElBaradeï, l'informant du « non-respect » de ses engagements de sécurité par Pyongyang »[1].

Le 9 avril 2003, le Conseil de Sécurité a tenu des consultations à huis clos sur la situation nucléaire de la RPDC. La Chine et la Russie étaient opposées à une résolution condamnant la Corée alors que les Etats-Unis la réclamaient. La Corée du Sud n'a pas ménagé ses efforts pour éviter une confrontation au Conseil. La Corée du Nord avait annoncé qu'elle considérerait de telles sanctions comme une « déclaration de guerre ». Le Président du Conseil a seulement déclaré à l'issue des consultations que « les membres du Conseil de Sécurité ont exprimé leur préoccupation et le Conseil restera saisi de cette question »[2].

Des négociations multilatérales eurent alors lieu, grâce aux pressions insistantes de la Corée du Sud et du Japon. Les premiers contacts entre la Corée du Nord, les Etats-Unis et la Chine eurent lieu en avril 2003 à Pékin. En août, une nouvelle rencontre eut lieu à Pékin, incluant cette fois de nouveaux Etats, la Russie, la Corée du Sud et le Japon. La réunion se conclut sans résultat tangible. Les discussions achoppent toujours sur la question des préalables : « la Corée du Nord réclame la signature d'un pacte de non agression et la reprise de l'assistance économique, avant de démanteler son programme relatif au nucléaire et aux missiles alors que les Etats-Unis exigent l'inversion du processus »[3].

Le processus de règlement de la crise nord-coréenne se fait donc en dehors du cadre des Nations Unies. Les Etats-Unis ont tenté de faire sanctionner la RPDC par le Conseil de Sécurité, mais d'autres membres permanents s'y sont opposés. Des sanctions n'auraient de toute façon pas éliminé la menace nucléaire. Bien que peu tentés par des négociations, les Etats-Unis s'y voient pressés de toute part et l'ONU ne peut leur apporter son aide, à moins qu'un vaste plan pour toute la péninsule coréenne ne soit élaboré dans le cadre des Nations Unies, ce qui paraît à l'heure actuelle bien peu probable.

L'Iran présente également un risque par rapport aux armes de destruction massive. Ce pays, membre du TNP, est très fortement

---

1. Chronique des faits internationaux, *RGDIP*, 2003, p. 442.
2. Idem, p. 721.
3. Idem, p. 952.

soupçonné de mener un programme nucléaire secret, en violation du traité, sous le couvert d'activités nucléaires civiles. Il se trouve confronté à un problème de sécurité puisque les Etats-Unis, avec qui les relations sont tendues, l'ont littéralement encerclé.[1] Depuis la révolution khomeyniste de 1979, les relations entre l'Iran et les Etats-Unis, le « Grand Satan », sont mauvaises. Les Etats-Unis n'ont pas oublié l'invasion de leur ambassade à Téhéran par des militants iraniens le 4 novembre 1979 et la prise en otage du personnel diplomatique et consulaire américain qui s'en est suivie. Durant les années 1980, les Etats-Unis ont soutenu l'Irak de S. Hussein dans sa guerre contre son voisin iranien.

Les Etats-Unis sont favorables à des sanctions du Conseil de Sécurité contre l'Iran, si le Conseil des Gouverneurs lui transmet le problème.[2] D'autres pays, en revanche, dont certains membres de l'Union Européenne, préfèrent éviter le Conseil de Sécurité.[3] L'AIEA a rendu un rapport en octobre 2003 dans lequel elle affirme que l'Iran aurait suivi cette politique nucléaire jusqu'alors. Mais l'Iran continuait de nier ce qui devenait une évidence. Le tournant s'est produit lors de la visite à Téhéran des ministres français, allemand et britannique des Affaires étrangères qui ont obtenu un infléchissement de la position iranienne. L'Iran a finalement signé le protocole additionnel au traité le 18 décembre 2003 à Vienne, même s'il ne l'a pas encore ratifié.[4] Ce protocole constitue un outil efficace de contrôle du nucléaire car il autorise l'AIEA « à inspecter non seulement les installations en fonctionnement en Iran, mais également des lieux où elle n'avait pas accès en vertu du TNP, comme des réacteurs arrêtés, des centres de recherche ou des usines fabriquant des produits susceptibles de servir à un programme nucléaire »[5]. Les négociations se prolongeaient encore en automne 2004 avec la troïka européenne sur une éventuelle cessation de ses activités nucléaires par l'Iran. Si le niveau de sécurité en Iran s'est

---

1. Les Etats-Unis ont déployé un dispositif militaire dans le Caucase, en Asie centrale, en Afghanistan, dans le Golfe et en Irak.
2. John R. Bolton « The New World... », art. cité.
3. Gero von Randow, « Heimliche Versuche. Kommt der Fall Iran vor den UN-Sicherheitsrat ? », *Die Zeit*, 26-11-2003.
4. Jacques Isnard, « L'Iran rejoint le camp des 74 Etats signataires du protocole additionnel au TNP », *Le Monde*, 19-12-2003.
5. Ibid.

notablement amélioré ces derniers temps, il n'en demeure pas moins que le Conseil de Sécurité n'a pas été saisi de la question parce qu'aucune des parties concernées n'y tenait vraiment. Encore une fois, les Etats-Unis y auraient été favorables pour imposer des sanctions, dont on peut, dans ce domaine, douter de l'efficacité car elles ont tendance à envenimer la situation.

2. La tentative d'instrumentalisation pendant la crise irakienne

La crise irakienne, de l'été 2002 au début de la guerre en avril 2003, a montré que comme dans le cas des nouvelles menaces à la paix, les Etats-Unis imposent leur agenda aux Nations Unies. C'est parce que l'administration Bush avait décidé que le « problème » irakien devait être traité en priorité que l'ONU s'en est saisi.

Bien que la guerre préventive que la crise irakienne a mise sur le devant de la scène pose des difficultés au regard du droit international, cela n'a pas empêché les Etats-Unis de tout faire pour obtenir du Conseil de Sécurité une autorisation de recourir à la force.

La guerre préventive à l'épreuve de l'ONU

La nouvelle politique extérieure américaine est fondée sur l'idée que la dissuasion, sur laquelle reposait la stratégie de sécurité depuis la Seconde Guerre mondiale, est aujourd'hui obsolète.[1] La dissuasion est considérée comme un concept de la Guerre froide. Pendant cette période, la destruction mutuelle assurée garantissait une certaine stabilité dans les relations entre les deux Grands, les Etats-Unis et l'URSS. L'utilité de la dissuasion aurait disparu avec la chute de l'Union soviétique. En effet, P. Wolfowitz l'avait déjà souligné dans son *Defense guidance planning* dès le début des années 1990 : ce ne sont plus les Etats qui constituent la menace la plus sérieuse car, pour eux, la menace des représailles les empêche d'attaquer les premiers. Par contre, les terroristes, parfois organisés

---

1. G. John Ikenberry, « America's... », art. cité, pp. 50-51.et Peter Rudolf, « Ein neues strategisches... », art. cité, p. 9.

en réseaux, ne disposent pas d'une base géographique précisément définie. Ils peuvent développer leurs activités dans plusieurs pays simultanément. De plus, les terroristes sont bien souvent prêts à mourir pour la cause qu'ils défendent. Tout ceci fait que la dissuasion « traditionnelle » nucléaire n'opère plus. Les théoriciens de l'administration Bush, au premier rang desquels P. Wolfowitz, en ont déduit que la meilleure des défenses dans ce cas de figure est l'attaque.[1]

C'est ainsi que l'administration Bush justifie l'utilisation de la force préemptive voire préventive.[2] L'idée de guerre préventive est affirmée sans détour dans la stratégie nationale de sécurité[3] et dans le discours du Président Bush à West Point le 1er juin 2002.[4] Les attentats du 11-septembre ont servi de légitimation à cette théorie préexistante. La menace terroriste s'étant concrétisée sous sa pire forme, le Président Bush avait alors meilleur jeu de défendre cette idée novatrice. Paradoxalement, la souveraineté des autres Etats de la communauté internationale s'en trouve remise en cause car ceux d'entre eux qui ne pourront pas ou ne voudront pas résoudre le problème terroriste sur leur territoire seront susceptibles de

---

1. La doctrine de la guerre préventive s'inspire directement de la légitime défense préventive que l'Etat d'Israël, dont les néoconservateurs sont proches, a invoquée à plusieurs reprises, notamment en 1967 contre l'Egypte, en 1975 contre les camps palestiniens et en 1981 contre l'Irak (bombardement du réacteur Osirak). Tous les pays condamnèrent l'action armée d'Israël en 1975, y compris les Etats-Unis, même si ceux-ci opposèrent leur veto au projet de résolution du Conseil de Sécurité car il ne condamnait pas l'action des terroristes. En 1981, les Etats-Unis votèrent la résolution de condamnation tout en se montrant implicitement solidaire des thèses israéliennes. Voir Jean-Pierre Cot & Alain Pellet, *La Charte des Nations Unies*, Paris, Economica, 1991 (2ème édition, 1ère édition en 1985), pp. 777-779.
2. Nous reprendrons ici la distinction établie par David S. Yost : « Une *attaque préemptive* consiste en une action immédiate sur la base de preuves indiquant qu'un ennemi est sur le point de frapper, tandis qu'une *guerre préventive* implique des opérations militaires entreprises pour empêcher un risque futur plausible mais hypothétique, tel qu'un déséquilibre inacceptable de puissance, une situation de vulnérabilité accrue, voire même un assujettissement potentiel ou la possibilité d'un transfert d'ADM à un groupe terroriste. Ce dernier risque a été l'une des principales justifications avancées par le gouvernement américain pour entreprendre la campagne militaire contre le régime de Saddam Hussein en Irak, en avril 2003. » (http://www.nato.int/docu/review/2003/issue4/french/art4.html, 20-04-2004).
3. P. 6 : « Nous n'hésiterons pas à agir seuls si nécessaire, à exercer notre droit à l'autodéfense en agissant préventivement contre de tels terroristes, à les empêcher de causer des dommages à notre peuple et à notre pays ». (« we will not hesitate to act alone, if necessary, to exercise our right of self-defense by acting preemptively against such terrorists, to prevent them from doing harm against our people and our country ».
4. http://www.whitehouse.gov/news/releases/2002/06/print/20020601-3.html, 23-04-2004.

s'exposer à des frappes américaines.[1] Le gouvernement des Etats-Unis, comme nous l'avons déjà vu, est très soucieux des atteintes que les Nations Unies ou le multilatéralisme pourraient porter à sa souveraineté. Mais, d'autres gouvernements sont menacés : ceux qui « échouent à agir comme des Etats respectables et respectueux du droit ».[2] Cela est d'autant plus frappant que les Etats-Unis se réservent le droit de menacer n'importe quel Etat dans le monde et selon des critères qu'ils auront eux-mêmes déterminé.

P.-M. de la Gorce va même plus loin : selon lui, la doctrine de la guerre préventive serait un moyen pour les Etats-Unis de stigmatiser, voire de mettre à bas des Etats qui nuisent à leurs intérêts : « On a pu voir (...) que les propos officiels dénonçant comme ennemis les Etats qui tolèrent, abritent ou aident les organisations terroristes et ceux qui sont dotés d'armes de destruction massive ou sont en passe d'en fabriquer ou de s'en procurer recouvrent très simplement la volonté des Etats-Unis de défendre l'ordre international établi, tel qu'ils le conçoivent et tel qu'il correspond à leurs intérêts. »[3]

La guerre préventive a également des retombées sur la doctrine nucléaire américaine. C'est dans la *Nuclear Posture Review*[4] publiée en janvier 2002 que se trouvent les nouvelles idées en la matière : des armes atomiques pourraient être utilisées dans le cadre d'une action préventive. Le recours à de telles armes doit être éclairé à la lumière de l'avis consultatif de la Cour internationale de justice du 8 juillet 1996 sur la licéité de la menace ou de l'emploi d'armes nucléaires[5]. Elle y a indiqué que bien que ni le droit international coutumier ni le droit international conventionnel n'autorisent ni n'interdisent spécifiquement la menace ou l'emploi d'armes nucléaires (points 52 et 74), les Etats doivent cependant respecter les articles 2 § 4 et 51 de la Charte (point 39), ainsi que le droit international humanitaire (point 89). Toutefois, la Cour ne

---

1. G. John Ikenberry, « America's... », art. cité.
2. « Governments that fail to act like respectable, law-abiding states will lose their sovereignty » Ibid.
3. Paul-Marie de la Gorce, « Ce dangereux concept de guerre préventive », *Le Monde diplomatique*, septembre 2002, pp. 10-11.
4. Le Congrès a demandé au Secrétariat à la Défense de redéfinir la stratégie nucléaire américaine pour les cinq à dix années à venir. Ce document a été remis au Congrès le 31-12-2001. Une première *Nuclear Posture Review* avait été rédigée en 1994.
5. Avis consultatif du 8-07-1996, *Licéité de la menace ou de l'emploi d'armes nucléaires*, Rec., 1996, p. 226.

prend pas clairement position : « [a]u vu de l'état actuel du droit international, ainsi que des éléments de fait dont elle dispose, la Cour ne peut cependant conclure de façon définitive que la menace ou l'emploi d'armes nucléaires serait licite ou illicite dans une circonstance extrême de légitime défense dans laquelle la survie même d'un Etat serait en cause » (point 105, E). La question de la légalité de l'attaque préventive à l'aide d'armes nucléaires d'un Etat qui n'en possède pas reste donc posée.

En outre, le concept de « guerre préventive » pose problème par rapport au droit international en vigueur. La Charte des Nations Unies pose dans son article 2, entre autres, le principe du règlement pacifique des différends.[1] Elle a prévu deux exceptions : l'article 51, qui rappelle le droit à la légitime défense des Etats membres, et l'action du Conseil de Sécurité, prévue au chapitre VII.[2]

Une controverse a éclaté concernant la guerre préventive. Elle porte sur l'étendue de la notion de légitime défense.[3] Les uns font une lecture restrictive de l'article 51 : un Etat ne pourrait l'invoquer que lorsqu'il fait l'objet d'une agression militaire. Il ressort en effet de la lecture de l'article 51 et de la coutume internationale en la matière que la légitime défense est une notion juridique bien encadrée[4]. Les autres en font une lecture plus souple : « ils affirment l'existence d'un « droit inhérent » à la légitime défense, droit qui découlerait de la souveraineté nationale, et que seul un vote du Conseil de sécurité pourrait contrecarrer. »[5] Comme l'écrit R. Falk, ces deux visions comportent leur part de vérité. D'une part, les rédacteurs de la Charte ont voulu restreindre

---

1. Paragraphes 2 et 3 : « Les Membres de l'Organisation, afin d'assurer à tous la jouissance des droits et avantages résultant de leur qualité de Membre, doivent remplir de bonne foi les obligations qu'ils ont assumées aux termes de la présente Charte. Les Membres de l'Organisation règlent leurs différends internationaux par des moyens pacifiques, de telle manière que la paix et la sécurité internationale ainsi que la justice ne soient pas mises en danger. »
2. Article 42 : « Si le Conseil de sécurité estime que les mesures prévues à l'Article 41.seraient inadéquates ou qu'elles se sont révélées telles, il peut entreprendre, au moyen de forces aériennes, navales ou terrestres, toute action qu'il juge nécessaire au maintien ou au rétablissement de la paix et de la sécurité internationales. Cette action peut comprendre des démonstrations, des mesures de blocus et d'autres opérations exécutées par des forces aériennes, navales ou terrestres de Membres des Nations Unies. »
3. Richard Falk, « Les Nations Unies prises en otage », *Le Monde diplomatique*, décembre 2002.
4. Joe Verhoeven, « Les « étirements »... », art. cité.
5. Richard Falk, « Les Nations... », art. cité.

le plus possible le recours à la guerre comme règlement des différends, souhaitant que le droit soit le fondement des relations internationales. D'autre part, vouloir limiter de manière trop absolue le droit à la légitime défense, dans le cas d'une agression autre que militaire, fait courir le risque que le droit international soit tout simplement ignoré par les Etats.

Partant du principe qu'elles ne peuvent attendre d'être attaquées alors que la menace est imminente, les autorités américaines ne sentent pas la nécessité d'obtenir une approbation du Conseil de Sécurité, comme elles le montreront pendant la crise irakienne.

Les efforts américains pour obtenir une autorisation du Conseil de Sécurité

L'un des objectifs de G. W. Bush depuis son entrée en fonction était de déloger Saddam Hussein du pouvoir. Mais cet objectif divisa profondément son équipe, en raison de la lutte déjà entamée contre Al-Qaida et les Talibans. On peut discerner quatre courants au sein de l'administration Bush à ce sujet.[1] Les néoconservateurs, emmenés par Paul Wolfowitz, voulaient utiliser la force pour remettre de l'ordre dans l'arc de crise du monde musulman. Il fallait selon eux apporter la démocratie au Moyen-Orient, dans l'intérêt, à long terme, des Etats-Unis et l'Irak serait le prélude à ce remodelage.[2] Les conservateurs traditionnels, autour de D. Rumsfeld, supporté par D. Cheney, avaient moins pour but de changer le monde que de défendre les intérêts de l'Amérique et de faire la démonstration des capacités militaires des Etats-Unis afin d'inspirer de la crainte à leurs ennemis. Le Secrétariat d'Etat, au premier rang duquel C. Powell, continuait à faire pression afin de rechercher des solutions multilatérales et voulait essayer une politique non militaire. Finalement, C. Powell finit par se rallier à l'intervention lorsque le Président eut pris sa décision, par obéissance et par souci de ne pas se retrouver marginalisé dans l'administration.[3] Enfin, d'autres membres moins importants de l'administration, comme Richard Clarke, ancien directeur du

---
1. Michael Elliott & Massimo Calabresi, « Is Condi the Problem ? », *Time International*, 5-04-2004.
2. Dominique Berns, « L'incroyable pari néoconservateur », *Le Soir*, 28-04-2003, J. Vaïsse.
3. Ibid.

contre-terrorisme des administrations Clinton et Bush fils, considéraient l'Irak comme une diversion fautive du combat contre Al-Qaida et les autres djihadistes.

Les attentats du 11-septembre ont propulsé la lutte contre le terrorisme au sommet de l'agenda de la Maison Blanche. L'équipe Bush a réussi à établir un lien entre la lutte contre le terrorisme et le renversement de S. Hussein : elle a accusé le régime irakien de développer un programme d'armes de destruction massive, armes qui pourraient alors être mises entre les mains des terroristes, parmi lesquels Al-Qaida. C'est le premier argument que les autorités américaines ont avancé pour justifier la guerre contre l'Irak : le régime baasiste au pouvoir dans cet Etat représenterait une menace imminente pour la sécurité américaine, mais aussi d'Israël.[1] Au fil des mois qui ont précédé l'intervention américaine en Irak, d'autres arguments ont été évoqués : libérer le peuple irakien, s'assurer un pétrole bon marché, entamer un processus qui pourrait faire tomber les régimes dictatoriaux du Moyen Orient et ce faisant éliminer le principal terreau du terrorisme, renverser le régime dictatorial de Saddam Hussein...[2]

Le Président Bush a tenté d'obtenir une résolution du Conseil de Sécurité légitimant l'action militaire en Irak. Une telle résolution lui aurait permis de recevoir un soutien tant matériel que moral des autres Etats membres. Le secrétaire d'Etat Colin Powell fut le plus grand défenseur de cette stratégie au sein de l'administration Bush, par opposition à des personnages aussi influents que le vice-Président Dick Cheney ou le secrétaire à la Défense Donald Rumsfeld.

Mais c'est également pour des raisons de politique intérieure qu'une légitimation des Nations Unies était nécessaire : depuis de

---

1. Robert Kagan et William Kristol, néoconservateurs, justifient ainsi la guerre en Irak : « La raison pour faire la guerre, avant tout, a toujours été la menace stratégique que représentait Saddam à cause de son casier judiciaire d'agression et de barbarie, de sa possession avouée d'armes de destruction massive et de la connaissance certaine de ses programmes pour en produire plus. C'était la menace qu'il représentait pour sa région, nos alliés et des intérêts vitaux américains qui justifiait de faire la guerre » (« Why We Went to War », *The Weekly Standard*, 20-10-2003).
2. John L. Gaddis, « A Grand Strategy... », art. cité. Ce dernier objectif est contraire à l'article 2 paragraphe 7 de la Charte : « Aucune disposition de la présente Charte n'autorise les Nations Unies à intervenir dans des affaires qui relèvent essentiellement de la compétence nationale d'un Etat ni n'oblige les Membres à soumettre des affaires de ce genre à une procédure de règlement aux termes de la présente Charte ; toutefois, ce principe ne porte en rien atteinte à l'application des mesures de coercition prévues au Chapitre VII ».

nombreuses années, la population américaine montre à travers les sondages qu'elle est beaucoup plus multilatéraliste et favorable à l'ONU que ses gouvernants. Après le 11 septembre 2001, 61% des Américains ont répondu que la plus importante leçon de cet épisode tragique était que les Etats-Unis devaient travailler plus étroitement avec d'autres pays pour combattre le terrorisme.[1] Pour résoudre les problèmes internationaux, ces mêmes américains se prononcent à 71% pour la collaboration avec d'autres Etats plutôt que pour une résolution unilatérale. Ils sont 62% à rejeter le rôle des Etats-Unis comme celui du « gendarme du monde ». Le seul aspect montrant un recul du multilatéralisme dans cette étude est que le pourcentage d'Américains préférant que les Etats-Unis, en réponse à des crises internationales, n'agissent pas sans le soutien de leurs alliés est tombé de 72% en 1998 à 61% en 2002.

Concernant l'Irak, les Américains sont favorables au renversement du gouvernement irakien à 75%, mais ils sont 65% à y poser comme condition l'approbation des Nations Unies et le soutien des alliés des Etats-Unis.[2] En novembre 2002, ils étaient toujours 55% à s'opposer à une action unilatérale en Irak.[3]

Tout l'été 2002 fut dominé sur la scène internationale par les questions relatives à la politique à mener vis-à-vis de l'Irak : devait-on poursuivre les inspections onusiennes pour désarmer pacifiquement le pays ? Valait-il mieux renverser le régime, comme le préconisait l'administration américaine ? Le recours à la force serait-il multilatéral ou unilatéral ?

L'entrée en jeu des Nations Unies dans la crise irakienne a eu lieu le 12 septembre 2002, à l'occasion du discours du Président Bush devant l'Assemblée générale. Ce discours marque le point de départ d'une période pendant laquelle les Etats-Unis vont réussir à imposer leur agenda à l'ONU. Le Président Bush s'est déclaré prêt à travailler avec le Conseil de Sécurité pour faire respecter les nombreuses résolutions concernant l'Irak qui n'ont pas été appliquées.[4] Il semblait donc vouloir se placer comme garant du

---
1. Sondage effectué du 1er au 30 juin 2002. Commentaires du *Chicago Council on Foreign Relations* et du *German Marshall Fund of the United States*. www.worldviews.org .
2. Ibid.
3. Steven Kull, Americans on Iraq after the UN Resolution, Program on International Policy Attitudes, 3-12-2002. www.americans-world.org
4. « Nous voulons que les résolutions de l'organisme multilatéral le plus important du monde soient respectées. A l'heure actuelle, ces résolutions sont unilatéralement bafouées

respect du droit international. Mais très vite, il s'est révélé que l'administration Bush était prête à se passer du soutien du Conseil de Sécurité si celui-ci ne se pliait pas aux exigences américaines : « (...) que personne ne mette en doute les intentions des Etats-Unis : les résolutions du Conseil de Sécurité seront exécutées – les exigences de paix et de sécurité seront satisfaites – ou une action sera inévitable »[1]. Le Président américain s'est donc déclaré prêt à violer le droit international, si l'ONU ne se conformait pas aux exigences américaines. Il a sûrement été encouragé en cela par l'augmentation des interventions multinationales menées sur autorisation ou avec le blanc-seing du Conseil de Sécurité, qui a accentué l'impression que celui-ci n'était plus vraiment un passage obligé.[2]

Après plusieurs mois de tractations et de pressions américaines, le Conseil de Sécurité adopta le 8 novembre 2002 la résolution 1441, dans laquelle une dernière chance est laissée au gouvernement irakien. Le Conseil de Sécurité donna 30 jours à l'Irak pour fournir « une déclaration à jour, exacte et complète sur tous les aspects de ses programmes de développement d'armes chimiques, biologiques et nucléaires, de missiles balistiques (...) » (§ 3). Il imposa à l'Irak un « régime d'inspection renforcé » (§ 2), qui comprenait l'accès libre à tous les sites que la Commission de contrôle, de vérification et d'inspection des Nations Unies ou l'AIEA voudraient inspecter. Dans le cas où le gouvernement irakien ne se conformerait pas à ses obligations, il s'exposerait à de « graves conséquences » (§ 13).

Les Etats-Unis n'étaient donc pas fondés en droit à s'appuyer sur cette résolution pour attaquer l'Irak. Mais ils pouvaient y trouver une réponse somme toute satisfaisante puisque les thèmes majeurs qu'ils défendaient s'y retrouvaient : l'Irak n'a pas respecté plusieurs résolutions du Conseil de Sécurité et fait « peser [une menace] sur la paix et la sécurité internationales » (§ 3 du préambule) ; le Conseil rappela ouvertement la résolution 678 du 29 novembre 1990 qui avait autorisé les Etats-Unis et leurs alliés à intervenir militairement en Irak après l'invasion du Koweït ; on ne

---

par le régime irakien ». http://usinfo.state.gov/regional/af/security/french/f2091204.htm, 23-03-2004.
1. http://usinfo.state.gov/regional/af/security/french/f2091204.htm, 23-03-2004.
2. Alexandra Novosseloff, « L'ONU ... », art. cité, p. 703.

laissa à l'Irak qu'une « dernière possibilité » de se conformer à ses obligations internationales ; enfin, les conséquences du non respect de cette résolution n'étaient pas précisées. Ce dernier aspect a pris le nom « d'ambiguïté créatrice ». Cette expression désigne le fait pour un texte de pouvoir donner lieu à des interprétations divergentes. Chacun peut alors y lire ce qu'il souhaite. Cette « ambiguïté créatrice » peut apparaître dans des textes qui ont fait l'objet de discussions vives entre les différents partenaires. Ne pouvant se mettre d'accord sur une version explicite, ils vont alors mettre au point un texte ambigu qui les satisfera tous. Le fait que la résolution 1441 ne soit pas tout à fait claire laissa une marge d'interprétation que les Américains se réservèrent la possibilité d'exploiter afin de justifier leur comportement postérieur.

Cette résolution ne fut donc qu'un demi-succès pour l'administration Bush car elle ne lui permet pas de mener la guerre en Irak dans un cadre légal, mais elle montra la capacité de l'administration américaine à influer sur l'agenda du Conseil de Sécurité et à lui faire accepter en partie les propositions américaines. Pour justifier d'un point de vue légal la guerre en Irak, les Etats-Unis se sont appuyés non seulement sur la résolution 1441 mais aussi sur la résolution 678.[1] Ils ont également invoqué le droit de légitime défense.[2] La résolution 678 visait à faire évacuer le Koweït et bien qu'elle ait aussi eu pour objet de « faire cesser toute menace à la paix et à la sécurité internationales » (§ 6), elle ne saurait légitimer un recours de la force en Irak en 2003 « car une interprétation aussi extensive ces dispositions et de la possibilité de recourir à la force sans autorisation du Conseil serait beaucoup trop large et déformerait l'esprit de la Charte »[3]. Quant à la résolution 1441, elle ne « donne aucune autorisation à recourir à la force et ne fait même aucune recommandation en ce sens »[4], malgré l'interprétation large que les Américains lui conférèrent. Sur l'invocation de la légitime défense, on peut dire qu'aucune agression ne peut être mise sur le compte du régime de S. Hussein.

---

1. Voir, par exemple, William H. Taft IV & Todd F. Buchwald, « Preemption, Iraq, and International Law », *American Journal of International Law*, juillet 2003, p. 562.
2. Florence Nguyen-Rouault, « L'intervention armée en Irak et son occupation au regard du droit international », *RGDIP*, 2003, pp. 849-851.
3. Idem, p. 846.
4. Ibid.

L'intervention anglo-américaine ne pouvait pas non plus entrer dans la catégorie des contre-mesures car ce serait donner à cette notion une « acception trop large [qui] laisserait place à une anarchie excessive et à une déstabilisation de l'ordre juridique international »[1].

Durant les mois suivant l'adoption de cette résolution, les Etats-Unis vont tout tenter pour obtenir des membres du Conseil de Sécurité une autorisation explicite, ce qui confirme bien que l'administration Bush n'était pas elle-même persuadée d'agir légalement. L'épisode le plus marquant fut certainement l'intervention du secrétaire d'Etat américain C. Powell devant le Conseil de Sécurité le 5 mars 2003, au cours de laquelle il tenta de prouver l'existence des armes de destruction massive en Irak.

Les efforts des Etats-Unis pour obtenir une résolution du Conseil de Sécurité leur permettant d'intervenir légalement en Irak ne doivent pas faire oublier que le Président Bush a toujours déclaré que la guerre en Irak aurait lieu, avec ou sans l'ONU.

La « doctrine » Bush a certes eu des répercussions sur les Nations Unies mais l'administration américaine se vit opposer une résistance de la part de l'Organisation.

---

1. Idem, p. 851.

Deuxième partie
La « doctrine » extérieure de l'administration Bush et la résistance des Nations Unies

L'administration Bush fit preuve d'un certain dogmatisme dans sa politique extérieure, notamment en affichant sa méfiance à l'égard de l'ONU et en la laissant à l'écart. Cependant, les tentatives d'application de la « doctrine » Bush aux Nations Unies ont rencontré des résistances qui tiennent à la nature même de l'Organisation. L'administration Bush n'avait sans doute pas prévu que de tels obstacles se dresseraient sur son chemin. Elle a montré de la naïveté en voyant les relations internationales comme elle aurait aimé qu'elles soient.

Les autorités américaines se sont avant tout trompées parce que les obstacles qu'elles ont rencontrés n'étaient pas conjoncturels mais au contraire inscrits dans la structure même de l'ONU. Les rédacteurs de la Charte, même s'ils ne pouvaient imaginer la configuration géopolitique actuelle, ont été suffisamment ingénieux pour y introduire des mécanismes de régulation de puissance. Même si l'ONU ne peut pas empêcher les Etats-Unis d'agir, elle augmente les coûts, politiques et financiers avant tout, de leur unilatéralisme en leur refusant son soutien.

La résistance qu'a opposée l'ONU s'est révélée de deux manières : seule l'ONU possède une légitimité internationale dont les Etats-Unis ont besoin pour agir comme ils l'entendent dans le monde. De plus, les autres membres du Conseil de Sécurité ont montré leur réticence à voir ce Conseil utilisé comme chambre d'enregistrement.

Chapitre 1
L'administration Bush et la dimension incontournable des Nations Unies

L'administration Bush fit preuve d'un certain dogmatisme dans sa politique extérieure, notamment en affichant sa méfiance à l'égard de l'ONU et en la laissant à l'écart. Cependant, les tentatives d'application de la « doctrine » Bush aux Nations Unies ont rencontré des résistances qui tiennent à la nature même de l'Organisation. L'administration Bush n'avait sans doute pas prévu que de tels obstacles se dresseraient sur son chemin. Elle a montré de la naïveté en voyant les relations internationales comme elle aurait aimé qu'elles soient.

Les autorités américaines se sont avant tout trompées parce que les obstacles qu'elles ont rencontrés n'étaient pas conjoncturels mais au contraire inscrits dans la structure même de l'ONU. Les rédacteurs de la Charte, même s'ils ne pouvaient imaginer la configuration géopolitique actuelle, ont été suffisamment ingénieux pour y introduire des mécanismes de régulation de puissance. Même si l'ONU ne peut pas empêcher les Etats-Unis d'agir, elle augmente les coûts, politiques et financiers avant tout, de leur unilatéralisme en leur refusant son soutien.

La résistance qu'a opposée l'ONU s'est révélée de deux manières : seule l'ONU possède une légitimité internationale dont les Etats-Unis ont besoin pour agir comme ils l'entendent dans le monde. De plus, les autres membres du Conseil de Sécurité ont montré leur réticence à voir ce Conseil utilisé comme chambre d'enregistrement.

L'administration Bush a cru pouvoir se passer des Nations Unies. Mais au fil du temps, la politique extérieure américaine a été de plus en plus mal perçue dans le monde, que ce soit par les gouvernements des alliés européens des Etats-Unis ou dans le monde musulman. Une première défaillance de la « doctrine » Bush est ici pointée : si leur programme extérieur semble légitime aux Américains, il en va différemment des autres pays. Cette « doctrine » a été élaborée dans un cadre national et s'avère insuffisamment probante pour la communauté internationale car elle cache mal ses objectifs purement américains.

Sur la scène internationale, l'ONU dispose d'une légitimité qu'aucun Etat ne peut égaler, aussi puissant soit-il. Les Etats-Unis ont bien dû s'en rendre compte. De même, pour sortir du piège irakien dans lequel ils se sont fourvoyés, les Américains se sont retrouvés contraints d'en appeler à l'ONU.

1. L'ONU seule détentrice d'une légitimité internationale

L'ONU est la seule détentrice d'une légitimité internationale que les Etats-Unis ne peuvent ignorer. Celle-ci lui est conférée par la Charte. L'ONU dispose également d'un savoir-faire dans la consolidation de la paix car elle a le mérite d'apparaître comme agissant au nom de toute la communauté internationale.

La légitimité de la Charte

Le système westphalien et « l'état de nature », cher à Hobbes, se caractérisaient par la guerre de chacun contre chacun. La guerre était une « continuation de la politique par d'autres moyens », comme l'a indiqué Clausewitz. Les Etats, souverains, résolvaient leurs conflits par la guerre. Progressivement sont nées des tentatives de régulation de ces rapports inter-étatiques.

La Société des Nations en fut le premier exemple concret. Ses concepteurs voulaient ériger le droit en base du système international. Le mécanisme de la sécurité collective était censé garantir aux Etats que les autres Etats membres ne les attaqueraient pas. Comme on le sait, la SDN fut un échec car elle n'eut pas les moyens d'empêcher les agressions des régimes totalitaires en Europe, en Asie et en Afrique, ni la Seconde Guerre mondiale. Dans l'entre-deux-guerres pourtant, un nouveau pas fut franchi : la guerre fut déclarée « hors la loi » par le pacte Briand-Kellogg en 1928.

Vint alors l'Organisation des Nations Unies, qui tire sa légitimité de son universalité : depuis l'adhésion de la Suisse en 2002, 191 Etats sont membres de l'Organisation. La Charte de l'ONU est une sorte de « contrat social international, aux termes duquel chaque Etat membre (...) doit d'une part, renoncer à l'usage de la force dans ses relations avec les autres Etats (art. 2 § 4)[1] ; d'autre part, contrepartie logique de cet abandon individuel, reconnaître à l'organe principal du maintien de la paix, le Conseil de Sécurité, véritable agent de la sécurité collective, les moyens de la coercition militaire nécessaire à l'accomplissement de sa mission de police internationale »[2]. Le mécanisme de sécurité collective y est encore une fois central. L'ONU dispose du monopole de la violence physique légitime, tel qu'analysé par Max Weber. Aucun Etat membre ne peut utiliser ses forces armées contre un autre Etat sans enfreindre le droit international, car la Charte pose les principes de l'interdiction du recours à la force et du règlement pacifique des différends. L'interdiction du recours à la force s'impose également aux Etats qui ne sont pas membres des Nations Unies. La Cour Internationale de Justice la considère en effet comme « un principe de droit international coutumier, non conditionné par les dispositions relatives à la sécurité collective »[3]. Le mécanisme de sécurité collective repose sur le chapitre VII de la Charte et fait du Conseil de Sécurité son principal garant, même si l'Assemblée générale n'est pas dépourvue de compétences[4]. Le chapitre VII prévoit des mesures non coercitives en son article 41 et coercitives en son article 42.[5]

---

1. Art. 2 par. 4 : « Les Membres de l'Organisation s'abstiennent, dans leurs relations internationales, de recourir à la menace ou à l'emploi de la force, soit contre l'intégrité territoriale ou l'indépendance politique de tout Etat, soit de toute autre manière incompatible avec les buts des Nations Unies. »
2. Pierre-Marie Dupuy, *Droit international public*, Paris, Dalloz, 2002, 6ème édition, p. 574.
3. CIJ, 27 juin 1986, *Activités militaires et paramilitaires au Nicaragua*, Rec. 1986, p. 100, 189. Voir idem, p. 573.
4. Au titre des art. 11.§ 2 et 14 de la Charte, sur le fondement desquels, l'Assemblée peut, respectivement, « discuter de toutes questions se rattachant au maintien de la paix » et « recommander les mesures propres à assurer l'ajustement pacifique de toute situation (...) de nature à nuire au bien général ».
5. Art. 41 : « Le Conseil de Sécurité peut décider quelles mesures n'impliquant pas l'emploi de la force armée doivent être prises pour donner effet à ses décisions, et peut inviter les Membres des Nations Unies à appliquer ces mesures. Celles-ci peuvent comprendre l'interruption complète ou partielle des relations économiques et des communications ferroviaires, maritimes, aériennes, postales, télégraphiques, radioélectriques et des autres moyens de communication, ainsi que la rupture des relations diplomatiques ». Art. 42 : « Si le Conseil de Sécurité estime que les mesures prévues à

La légitimation par l'ONU d'une politique étrangère confère un avantage majeur : l'acceptation de cette politique par les autres Etats membres et par les peuples. Cette légitimation peut faire partie du « soft power » d'un Etat. Joseph Nye définit le « soft power » comme « la capacité d'obtenir ce que tu veux en attirant et en persuadant les autres d'adopter tes buts »[1]. Le « soft power » s'oppose au « hard power », qui est la « capacité de manier la carotte et la bâton économiques et militaires pour que les autres suivent ta volonté »[2]. Si l'ONU adopte une résolution, elle fait sienne une certaine vision du monde, de ses problèmes et des solutions qu'on peut y apporter. Cette prise de position onusienne s'impose par la suite aux autres Etats membres car elle est le reflet, du moins en théorie, de la volonté de tous les Etats membres. Si un Etat est à l'origine de cette résolution, il retire le bénéfice de pouvoir mener sa politique en poursuivant non plus son strict intérêt national, par définition égoïste, mais une sorte « d'intérêt général » mondial.[3] « Au nom de la « communauté internationale », l'ONU porte un jugement, elle qualifie ce qui est juste et ce qui ne l'est pas, approuve ou désapprouve un comportement politique. Elle rend légitime ou illégitime une situation, une décision, une revendication. »[4] Les buts et les principes posés par la Charte servent de fondement aux résolutions adoptées par les Nations Unies et permettent de les légitimer.

En effet, la composition du Conseil ou de l'Assemblée lorsque la décision est adoptée importe aussi peu que lorsqu'un Parlement

---

l'Article 41.seraient inadéquates ou qu'elles se sont révélées telles, il peut prendre, au moyen de forces aériennes, navales ou terrestres, toute action qu'il juge nécessaire au maintien ou au rétablissement de la paix et de la sécurité internationales. Cette action peut comprendre des démonstrations des mesures de blocus et d'autres opérations exécutées par des forces aériennes, navales ou terrestres de Membres des Nations Unies. »
1. « The ability to get what you want by attracting and persuading others to adopt your goals ». Joseph Nye, « Propaganda isn't the way : soft power », *The International Herald Tribune*, 10-01-2003.
2. « The ability to use the carrots and sticks of economic and military might to make others follow your will » Ibid.
3. « Lorsque le Conseil de Sécurité des Nations Unies adopte une résolution, il est vu comme parlant pour (et dans l'intérêt de) l'humanité dans son ensemble et en faisant cela, il confère une légitimité respectée par les gouvernements du monde et habituellement par leur opinion » (« When the UN Security passes a resolution, it is seen as speaking for (and in the interests of) humanity as a whole, and in so doing it confers a legitimacy that is respected by the world's governments, and usually by their publics. ») Shashi Tharoor, « Why America Still the United Nations », *Foreign Affairs*, septembre/octobre 2003.
4. Marie-Claude Smouts & Dario Battistella & Pascal Vennesson, *Dictionnaire* ..., *op. cit.*, p. 345.

adopte une loi. « La légitimité de l'ONU réside dans son universalité et pas dans ses détails structurels. »[1] Bien que des Etats, que les Etats-Unis jugent peu recommandables, soient membres de l'ONU et parfois y occupent des postes à responsabilité, l'universalité et la légitimité de l'organisation en dépendent. L'élection au Conseil de sécurité de « petits pays » aux postes de membre non permanent, selon une distribution géographique, assure la représentativité de l'ONU.

Les Etats-Unis ont très bien compris l'intérêt d'utiliser la légitimation que seule l'ONU peut leur apporter. Pour faire accepter leur politique étrangère, dans le cas de l'Irak par exemple, le fait que l'ONU ait donné son approbation aurait permis aux Américains de justifier leur action. L'ONU aurait ainsi reconnu que l'Irak représentait une menace réelle pour la sécurité mondiale et les Américains n'auraient plus été seuls à le dire. Les gouvernements du monde entier se seraient sans doute pliés plus facilement à l'idée de la guerre. L'opinion publique mondiale, particulièrement dans le monde arabe, aurait sans doute mieux accepté la guerre si l'ONU était intervenue aux côtés des Etats-Unis car leur gouvernement fait partie de cette organisation. « En tant qu'organisation internationale mondiale prééminente, l'ONU incarne l'opinion mondiale ou au moins l'opinion des Etats légalement constitués. »[2]

L'administration Bush n'a pas réussi à faire adopter par le Conseil de Sécurité une résolution autorisant l'usage de la force, mais ce n'est pas faute d'avoir essayé pendant plusieurs mois. Cette insistance, particulièrement au début de l'année 2003, montre à quel point les Etats-Unis tenaient à obtenir une légitimation onusienne. Il est également vrai que le Président Bush avait toujours déclaré que la guerre aurait lieu, avec ou sans l'ONU, mais le fait est qu'il aurait préféré la faire avec. « Il est toujours préférable d'agir au nom du droit international plutôt qu'au nom de la sécurité nationale »[3].

---

1. « The legitimacy of the UN inheres in its universality and not in its structural details » Shashi Tharoor, « Why America... », art. cité.
2. « As the world's preeminent international organization, the UN embodies world opinion, or at least the opinion of the world's legally constituted states ». Ibid.
3. « Acting in the name of international law is always preferable to acting in the name of national security » Ibid.

Une vision instrumentaliste des Nations Unies permet de comprendre les rapports entre les Etats-Unis et l'ONU : l'ONU permet aux Américains, lorsqu'ils arrivent à s'y imposer, de légitimer leur politique et ainsi de la rendre plus acceptable aux yeux du monde. Or, comme on l'a déjà vu, la politique extérieure des Etats-Unis, et notamment celle de l'administration Bush, est empreinte de l'idée que les valeurs américaines sont universelles et que le monde profiterait de leur diffusion. La légitimité de l'ONU trouve une application particulièrement intéressante pour les Etats-Unis dans les opérations de consolidation de la paix. Comme l'écrit R. Rotberg, « [l]a reconstruction et la revitalisation des fondements politiques, économiques et sociaux d'une nation dévastée ne peuvent réussir que si une telle entreprise est considérée comme indéniablement légitimée »[1].

Le savoir-faire de l'ONU dans la consolidation de la paix (peace consolidation)

Les opérations de paix des Nations Unies s'ordonnent en trois catégories principales : la prévention des conflits et le rétablissement de la paix, le maintien de la paix et la consolidation de la paix.[2] Le rétablissement de la paix « vise les conflits en cours et s'efforce de les désamorcer par la diplomatie et la médiation ». Les opérations de maintien de la paix « ont connu au cours de la dernière décennie une évolution rapide : fondées sur le modèle classique, essentiellement militaire, d'observation du cessez-le-feu et de séparation des forces à l'issue de guerres inter-États, elles ont intégré au fil des ans un ensemble complexe d'éléments, civils et militaires, associant leurs efforts pour édifier la paix au lendemain de guerres civiles qui laissent de dangereuses séquelles ». Quant à la consolidation de la paix, c'est « un terme d'origine plus récente qui (...) définit l'action menée après les conflits, en vue de reconstituer des bases propres à affermir la paix et de fournir les

---

1. « Der Wiederaufbau und die Wiederbelebung der politischen, wirtschaftlichen und sozialen Grundlagen einer verwüsteten Nation können nur dann gelingen, wenn ein solches Unternehmen als eindeutig legitimiert betrachtet wird ». Robert I. Rotberg, « Herausforderungen an die Weltordnung. Staatenbildung in Zeiten des Terrors », *Internationale Politik*, novembre 2003, p. 1.
2. Classification du rapport Brahimi, pp. 18-19.

moyens d'édifier sur ces bases quelque chose de plus que la simple absence de guerre »¹. Dans ce cas, « [l]'ONU (...) s'engage (...) sur le long terme dans un pays, en mettant sur pied une ou plusieurs opérations nouvelles, l'action de l'organisation interférant alors avec l'ordre interne et la souveraineté de l'Etat, son consentement devenant de ce fait indispensable »².

Les opérations de maintien de la paix ne peuvent se fonder sur le chapitre VI de la Charte (« Règlement pacifique des différends ») ni sur le chapitre VII (« Action en cas de menace contre la paix, de rupture de la paix et d'acte d'agression »). On a pu parler d'un imaginaire « chapitre VI et demi »³. La Cour Internationale de Justice a en 1962 validé les opérations de maintien de la paix pour autant que le consentement des Etats où sera déployée la Force ait été préalablement obtenu.⁴ Mais le consentement des parties est plus essentiel d'un point de vue stratégique et opérationnel que d'un point de vue juridique.⁵

D'après J.-M. Guéhenno⁶, l'ONU et ses Casques bleus ne devraient intervenir que lorsqu'il y a une paix à maintenir et non lorsque le contexte militaire devrait privilégier l'intervention d'une coalition d'Etats ou d'une organisation régionale : « Les Casques bleus ont vocation à soutenir un processus politique dont les contours ont déjà été définis et agréés par les parties »⁷. Il est étonnant de lire de la part d'un haut responsable des Nations Unies un encouragement pour les Etats à recourir à des « coalitions of the willings » ou à des organisations régionales. C'est toutefois compréhensible dans la mesure où les Casques bleus ne sont pas censés se battre. Ils ont seulement le droit de se défendre, droit que

---

1. Ibid.
2. Yves Petit, *Droit international du maintien de la paix*, Paris, LGDJ, 2000, p. 68.
3. Michel Liégeois, *Maintien de la paix et diplomatie coercitive. L'Organisation des Nations Unies à l'épreuve des conflits de l'après-Guerre froide*, Bruxelles, Bruylant, 2003, p. 55.
4. CIJ, Avis consultatif, 20 juillet 1962, *Certaines dépenses des Nations Unies*, Rec., p. 151.et s.
5. Michel Liégeois, *Maintien de la paix...*, op. cité, p. 55.
6. Jean-Marie Guéhenno, « Maintien de la paix: les nouveaux défis pour l'ONU et le Conseil de Sécurité », *Politique étrangère*, 2003, pp. 689-700. J.-M. Guéhenno est conseiller maître à la Cour des Comptes et, depuis octobre 2000, secrétaire général adjoint des Nations Unies, chargé des opérations de maintien de la paix.
7. Idem, p. 692.

le rapport Brahimi recommanda d'étendre à la défense d'autres composantes de la mission et à l'exécution de leur mandat.[1]

J.-M. Guéhenno soutient une « formule » associant une phase militaire menée au moyen d'une force multinationale suivie d'une introduction des Casques bleus, dont le noyau dur serait formé des éléments de cette même force multinationale car « [c]et enchaînement envoie un message de continuité politique, tout en garantissant aussi la continuité opérationnelle. »[2] Un bon exemple en a été donné au Timor oriental en 1999 : une partie des soldats australiens déployés dans la cadre de l'INTERFET[3] sont devenus des Casques bleus lorsque cette coalition *ad hoc* a passé le relais à l'Administration des Nations Unies au Timor oriental (ATNUTO). L'indépendance de cette province occupée par l'Indonésie a été proclamée le 20 mai 2002. Les Nations Unies y ont rencontré un succès exemplaire.

L'opinion de J.-M. Guéhenno a rencontré le soutien du Secrétaire général de l'ONU, Kofi Annan, lorsqu'il a déclaré le 2 octobre 2003 au Conseil de Sécurité que l'ONU ne pouvait s'engager en Irak que si elle maîtrise la transition vers des élections tandis qu'une force multinationale prend en charge la sécurité.[4]

C'est la catégorie de consolidation de la paix qui pourrait être la plus profitable aux Etats-Unis en Irak, si tant est qu'ils arrivent à faire cesser les troubles dans le pays. En effet, l'accompagnement par les Nations Unies du processus de reconstruction politique en Irak les déchargerait d'un poids considérable. Comme le préconise J.-M. Guéhenno, les Casques bleus pourraient entrer en scène une fois la situation militaire du pays stabilisée.

Le rapport Brahimi considère que la participation active des parties locales est décisive dans une opération de consolidation de la paix. Cette participation doit recouvrir plusieurs dimensions[5] : les conditions de vie dans la zone doivent s'améliorer notablement dans un délai assez court, afin de rendre la mission plus crédible ;

---

1. Rapport Brahimi, p. 27.
2. Jean-Marie Guéhenno, « Maintien de la paix... », art. cité, p. 697.
3. Force internationale des Nations unies pour le Timor-Oriental. Elle s'est déployée à partir du 20-09-1999. Elle avait pour missions la restauration de la sécurité, la protection du personnel de la Minuto demeurée dans l'île (Mission des Nations unies au Timor-Oriental pour l'organisation du référendum) et l'assistance à la population.
4. Chronique des faits internationaux, *RGDIP*, 2004, p. 192.
5. Rapport Brahimi, pp. 23-25.

des élections « libres et régulières » doivent avoir lieu dans un contexte de démocratisation et de mise en place d'une administration civile efficace ; les missions de police civile doivent être revues en vue de contribuer à l'édification de l'Etat de droit, respectueux des droits fondamentaux ; il faut sensibiliser le personnel de l'ONU, civil ou militaire, aux questions relatives aux droit de l'homme ; l'accent doit enfin être mis sur le désarmement des anciens soldats et surtout sur leur réintégration dans la vie économique locale.

Le rapport Brahimi recommanda également au Conseil de Sécurité de donner à l'ONU des « mandats clairs, crédibles et réalistes ». La nécessité du consensus au sein du Conseil, et particulièrement entre les membres permanents, peut se révéler nuisible aux opérations qu'il met sur pied car le mandat adopté peut manquer de ces qualités que le rapport Brahimi appelle de ses vœux. Le Conseil de Sécurité peut alors donner l'impression de ne pas vraiment vouloir s'engager. Des interprétations divergentes par les différents éléments de l'opération ne sont pas non plus souhaitables. Le groupe de haut niveau recommanda ainsi que les opérations décidées par le Conseil répondent toutes à des conditions minimales, parmi lesquelles « l'assurance que les tâches imparties aux Nations Unies sont réalisables (l'appui devant être fourni localement est précisé), qu'elles contribuent à l'élimination des causes du conflit ou ménagent le répit nécessaire pour que d'autres puissent le faire »[1]. Cette recommandation du groupe de haut niveau tira les enseignements de la décennie passée : les échecs de l'ONU au Rwanda ou en Bosnie sont encore dans les esprits. Une communauté internationale peu ou prou indifférente s'était alors mobilisée faiblement pour que l'ONU s'engage véritablement.

Le manque de légitimité des Etats-Unis se fait cruellement ressentir en Irak dans l'après-guerre. Robert Rotberg a déterminé plusieurs facteurs dont dépend la légitimité d'une puissance occupante telle que les Etats-Unis en Irak : « le retour d'un sentiment personnel de sécurité, l'impression d'ordre et de stabilité, une prévisibilité effective, l'espoir d'un futur meilleur et

---

1. Rapport Brahimi, p. 28.

la reprise du commerce et de la croissance économique »¹. L'après-guerre en Irak, mal préparé par l'administration Bush va montrer une faille de la « doctrine » Bush : l'option militaire unilatérale ne suffit pas pour reconstruire un Etat.

2. Le retour de G. W. Bush devant les Nations Unies après la guerre en Irak

L'administration Bush a décidé de faire la guerre en Irak sans l'aval des Nations Unies. Le Professeur Pellet a qualifié la guerre déclenchée par les Anglo-américains de guerre d'agression au sens de la résolution 3314 du 14 décembre 1974 de l'Assemblée générale.²

Comme prévu, les opérations militaires contre l'armée irakienne n'ont pas posé de grandes difficultés. Après une guerre perdue au début des années 1990, plus de dix ans d'embargo et un régime d'inspection de l'ONU qui a permis de détruire une grande partie du stock d'armes irakien, le pays n'était guère en mesure de faire face aux troupes des Etats-Unis. Cependant, la reconstruction du pays se révèle beaucoup plus ardue et c'est une fois que les principales manœuvres militaires sont terminées que l'absence de l'ONU se fait sentir.

Les difficultés américaines en Irak

Dès l'intervention des troupes anglo-américaines s'est appliqué le *jus in bello*. Les Etats-Unis et la Grande-Bretagne sont des puissantes occupantes en Irak, selon les termes de l'article 42 du Règlement de La Haye de 1907 : « un territoire est considéré comme occupé lorsqu'il se trouve placé de fait sous l'autorité de l'armée ennemie ». C'est également ce qui ressort de la résolution 1483 du 22 mai 2003 du Conseil de Sécurité, qui attribue aux

---

1. « Sie (die Legitimität) ist abhängig von der Wiederherstellung eines persönlichen Sicherheitsempfindens, von dem Eindruck von Ordnung und Stabilität, von effektiver Berechenbarkeit, von der Verheißung einer besseren Zukunft und der Wiederankurbelung von Handel und Wirtschaftswachstum » Robert I., Rotberg, « Herausforderungen... », art. cité, p. 1.
2. Alain Pellet, « L'agression », *Le Monde*, 24-03-2003.

Etats-Unis et à la Grande-Bretagne la qualification de « puissances occupantes » (§ 13 du préambule). Le droit de La Haye du XIXe siècle et du début du XXe siècle ainsi que les quatre conventions de Genève du 12 août 1949 sont les textes qui régissent ce *jus in bello*.[1] Le Conseil de Sécurité a d'ailleurs confirmé leur application dans sa résolution 1483, au paragraphe 5. Le droit applicable en matière d'occupation, c'est-à-dire les IIIème et IVème conventions de Genève, impose des obligations aux puissances occupantes : celles-ci doivent protéger les prisonniers de guerre et les personnes civiles entre autres contre la déportation, les traitements cruels ou inhumains, sous le contrôle du Comité International de la Croix Rouge (CICR).

Plus encore, les forces de la coalition doivent assumer, à titre temporaire et limité, l'administration du territoire irakien. Il n'y a eu aucun transfert de souveraineté. L'Irak est resté « un Etat indépendant bien que privé de tout gouvernement effectif capable d'administrer son territoire et sa population »[2]. L'article 43 du Règlement de La Haye de 1907 prévoit que les puissances occupantes doivent prendre toutes les mesures nécessaires pour rétablir et assurer l'ordre public, dans le respect des lois en vigueur sur le territoire occupé.

Le principal problème rencontré par les Américains et leurs alliés est l'insécurité qui règne dans le pays. De nombreux soldats sont morts depuis que le Président Bush a déclaré le 1er mai 2003 la fin des grandes opérations militaires.[3] Les pertes sont même supérieures à celles dues aux opérations proprement dites.[4] L'armée américaine est en butte à une véritable guérilla et à des actes de sabotage, néfastes pour la reprise économique du pays. Des attentats se produisent régulièrement sur le sol irakien. Ils sont

---

1. Les conventions de Genève portent respectivement sur : le sort des blessés et des malades dans les forces armées en campagne (I), les blessés, malades et naufragés des forces armées sur mer (II), le traitement des prisonniers de guerre (III) et la protection des personnes civiles en temps de guerre (IV). Elles ont été ratifiées par les Etats-Unis, la Grande-Bretagne et l'Irak dans les années 1950. Ni les deux réserves émises par les Etats-Unis, ni celle émise par la Grande-Bretagne ne concernent les troisième et quatrième conventions qui sont applicables au présent conflit. Cf. *RGDIP*, 2003, p. 855.
2. *RGDIP*, 2003, p. 859.
3. Le 9-12-2004, 1000 soldats américains ont trouvé la mort en Irak depuis l'invasion de mars 2003. *Le Monde*, 10-12-2004.
4. D'après le général américain Franks qui dirige les opérations militaires en Irak, *RGDIP*, 2003, p. 955.

le fait d'anciens partisans du régime de Saddam Hussein mais également de terroristes étrangers que l'on soupçonne d'être liés à Al-Qaida.

Les Etats-Unis et leurs alliés ont en effet dès leur arrivée en Irak détruit l'Etat et chassé des postes à responsabilité tous les dirigeants baasistes. Il s'avère un an plus tard qu'il est bien difficile de reconstruire un Etat et de le faire fonctionner correctement sans les personnes les plus qualifiées pour cela.

La politique de désarmement conduite par l'administrateur Bremer a été mise à l'écart. Beaucoup d'armes circulent dans le pays et permettent à des groupes isolés de contribuer à l'insécurité ambiante. Des formations paramilitaires sont apparues au grand jour après les attentats de l'été. On a vu[1] que le désarmement des soldats de l'armée régulière et leur réintégration dans la société civile après leur démobilisation sont une condition indispensable à une opération de consolidation de la paix mais l'armée de Saddam Hussein, forte de plusieurs centaines de milliers d'hommes, a été congédiée et ainsi mise au chômage. Il n'est donc pas étonnant que ces hommes, formés au combat et toujours munis de leurs armes, participent à l'insécurité dans le pays.

La reconstruction politique de l'Irak présente également des difficultés : l'Irak est constitué de trois communautés principales, les Chiites, les Sunnites et les Kurdes. Les Kurdes sont tentés de créer leur propre Etat dans le Nord du pays. Les Chiites, majoritaires dans la population et proches de l'Iran, aimeraient quant à eux prendre le pouvoir qui leur a été confisqué pendant de nombreuses années par le Sunnite Saddam Hussein. Le risque de la « libanisation » du conflit a été évoqué.[2] L'Etat irakien est soumis à des pressions centrifuges qui risquent de le faire exploser.

Les Américains, qui croyaient qu'ils seraient accueillis comme des libérateurs par la population irakienne, sont confrontés à une certaine hostilité de la population, notamment parce que la reconstruction économique du pays n'est pas aussi rapide qu'on aurait pu l'espérer. La naïveté des Américains apparaît au grand jour. On retrouve la question que beaucoup d'Américains se sont

---

1. Cf. *supra*.
2. La « libanisation » est un « processus de fragmentation d'un Etat, résultant de l'affrontement entre diverses communautés ». Le Petit Larousse illustré, 1996, p. 599.

posée au lendemain du 11 septembre 2001 : « Pourquoi nous haïssent-ils ? ».

Les cibles visées par les terroristes sont significatives : l'ambassade de Jordanie le 7 août 2003 ou le quartier général de l'ONU le 19 août 2003 entraînant la mort de l'envoyé spécial de l'Organisation S. Vieira de Mello. Les terroristes tentent d'isoler les Etats-Unis en s'attaquant à ceux qu'ils pensent être leurs soutiens. C'est ainsi que des ressortissants de pays favorables à la guerre en Irak ont été tués : des Italiens, des Coréens du Sud ou encore des Japonais.

Les terroristes d'Al-Qaida sont, semble-t-il, arrivés à une partie de leurs fins avec les alliés espagnols des Etats-Unis. Les attentats du 11 mars 2004 et le comportement du gouvernement espagnol à leur suite ont provoqué la chute de José Maria Aznar et ont contribué à la victoire d'un quasi inconnu, José Luis Rodriguez Zapatero. Ce socialiste a tenu sa promesse électorale et a entrepris de retirer les soldats espagnols d'Irak.[1] L'Espagne donna ainsi un signal négatif à l'égard des autres alliés des Etats-Unis. Le Honduras a d'ailleurs emboîté le pas de l'Espagne.[2] Les Etats-Unis risquent de se voir de plus en plus isolés en Irak.

Même le plus fidèle allié des Etats-Unis, le Britannique Tony Blair se trouve confronté à des critiques intérieures toujours plus acerbes. Ainsi, des diplomates britanniques en retraite ont publié dans un journal de Londres une lettre ouverte adressée à leur Premier ministre, dans laquelle ils estiment que sa politique au Moyen-Orient, suiviste par rapport aux Etats-Unis, est « vouée à l'échec ».[3]

Parallèlement, les Américains n'ont pas toujours œuvré en faveur d'un rapprochement avec les Etats qui se sont opposés à eux au Conseil de Sécurité. C'est ainsi qu'en décembre 2003, un mémorandum du Pentagone rendu public visait à écarter des appels d'offre lancés pour la reconstruction de l'Irak les sociétés

---

1. Martine Silber, « M. Zapatero hâte le retour des troupes espagnoles d'Irak », *Le Monde*, 20-04-2004.
2. « Après l'Espagne, le Honduras se retire de la coalition d'occupation en Irak », *Le Monde*, 21-04-2004.
3. « A letter to Blair: Your Middle East policy is doomed, say diplomats », *The Independent*, 27-04-2004.

françaises, allemandes et russes.[1] Les gouvernements concernés n'ont pas manqué de protester contre ces discriminations.

A chacun de ces problèmes, l'ONU pourrait apporter une amélioration. C'est pourquoi l'administration américaine a très vite tenté de réintroduire la question irakienne sur l'agenda du Conseil de Sécurité, mais elle a fait preuve d'une rigidité qui lui a été néfaste.

La recherche d'aide devant les Nations Unies

Selon le droit international, c'est donc la puissance occupante qui est chargée du maintien de l'ordre. Cependant, l'ONU pourrait apporter une aide précieuse. Confrontés à une situation qu'ils ne maîtrisent pas vraiment, les Etats-Unis vont progressivement se tourner vers l'ONU afin qu'elle lui permette d'obtenir des soutiens politiques, financiers et humains provenant des autres Etats membres. Ils vont se rendre compte qu'ils n'arriveront pas seuls à reconstruire un pays aussi vaste que l'Irak.

La question du rôle de l'ONU dans l'après-guerre s'est très vite posée dans les rangs de la coalition. Dès le 8 avril 2003, le Premier ministre britannique Tony Blair et le Président américain Bush ont adopté une déclaration commune précisant que l'ONU avait un « rôle vital à jouer dans la reconstruction de l'Irak »[2]. Ils ont annoncé leur intention de demander l'adoption de nouvelles résolutions du Conseil de Sécurité concernant l'aide humanitaire et la reconstruction politique du pays. Ils sont en fait à la recherche d'une implication plus grande de l'ONU pour partager le fardeau.

La question portait essentiellement sur les buts du retour de l'ONU en Irak : devait-elle se cantonner à l'action humanitaire comme le souhaitaient les Etats-Unis ou inclure également les aspects politiques de la reconstruction comme l'espéraient la France, la Chine et la Russie, mais aussi l'Organisation elle-même ?

Le Conseil de Sécurité a adopté le 22 mai 2003 la résolution 1483 qui apporte un début de solution : le Conseil y affirme être « résolu à ce que les Nations Unies jouent un rôle crucial dans le

---

1. « La France et d'autres pays exclus des contrats de reconstruction en Irak », *Le Monde*, 10-12-2003, édition en ligne.
2. Cité *RGDIP*, 2003, p. 729.

domaine humanitaire, dans la reconstruction de l'Iraq et dans la création et le rétablissement d'institutions nationales et locales permettant l'établissement d'un gouvernement représentatif». Il demande également au Secrétaire général de nommer un représentant spécial pour l'Irak, qui sera chargé de coordonner l'aide humanitaire et l'aide à la reconstruction mais aussi d'œuvrer au rétablissement d'institutions politiques permettant la création d'un gouvernement représentatif, reconnu par la communauté internationale. C'est S. Vieira de Mello, Haut Commissaire aux droits de l'homme, qui occupa ce poste jusqu'à sa mort dans l'attentat du 19 août 2003.

La résolution 1483 met également fin à la gestion par l'ONU des ressources tirées du pétrole irakien, suite à la création d'un «Fonds de développement pour l'Irak» ouvert à la Banque centrale irakienne. La dette extérieure irakienne doit en outre être rediscutée dans le cadre du Club de Paris.

L'attentat en août 2003 contre le quartier général des Nations Unies a entraîné une diminution considérable de la présence de l'ONU à Bagdad et une interrogation sur le sens de sa présence en Irak. Quelques jours avant l'attentat, le 14 août, le Conseil de Sécurité avait adopté la résolution 1500 portant création d'une mission d'assistance des Nations Unies pour l'Irak (MANUI). Cette résolution fut jugée trop peu ambitieuse, notamment par la France, qui aurait aimé accorder une plus grande place à l'ONU dans la reconstruction politique du pays. Le mandat de la MANUI a été reconduit pour une période d'un an par la résolution 1557 du 12 août 2004. Il faut noter que le personnel onusien, en raison des forts risques dus à l'insécurité en Irak, se trouve majoritairement en Jordanie depuis octobre 2003.

Pour alléger leur peine face à l'insécurité en Irak, les Etats-Unis ont proposé dès le 3 septembre 2003 un nouveau projet de résolution destiné à élargir le rôle des Nations Unies. Les Etats-Unis entendaient demander à la communauté internationale de l'argent et des troupes pour les aider à stabiliser l'Irak. Le but était de donner un cadre juridique à la participation militaire d'autres pays. Ce projet traduit à la fois les contraintes stratégiques autant que financières auxquelles ils sont soumis. Il prévoit le déploiement d'une force multinationale sous commandement américain, mais sous le contrôle du Conseil de Sécurité. Ces troupes devraient assurer la protection de la mission de l'ONU, du gouvernement intérimaire irakien et des infrastructures humanitaires et économiques.

Mais la France et l'Allemagne[1] ont émis des réserves à l'encontre de ce projet qui ne va pas assez loin à leurs yeux. Elles proposent surtout que la force multilatérale soit placée au service des nouvelles autorités irakiennes et que le Secrétaire général des Nations Unies soit chargé du rôle de l'administrateur P. Bremer dans la négociation avec le gouvernement intérimaire irakien sur le calendrier de transfert de pouvoir.[2]

Le Conseil de Sécurité a adopté le 16 octobre 2003 à l'unanimité la résolution 1511, par laquelle les forces d'occupation, formées principalement de soldats américains et britanniques, deviennent une « force multinationale », autorisée « à prendre toutes les mesures nécessaires pour contribuer au maintien de la sécurité et de la stabilité en Iraq » (§ 13). C'est la première fois qu'un tel montage est mis en œuvre par le Conseil de Sécurité et certains ont douté de sa légalité, mais le Conseil est lui-même une source de droit international.[3] Mais peu de nouveaux pays sont désireux de participer à une telle force car aucun calendrier n'avait été prévu dans le texte même de la résolution pour le transfert de pouvoir aux Irakiens. L'ONU elle-même ne veut pas du rôle que lui confie la résolution car elle ne souhaite pas participer à une occupation dont le terme n'est pas déterminé.[4] Sur le fond, la résolution n'apporte pas une grande évolution : les Etats-Unis ne veulent remettre le pouvoir qu'à un gouvernement élu. Ils ont ainsi indirectement admis qu'ils resteraient en Irak pendant des années. La seule contrainte est imposée au Conseil Intérimaire de Gouvernement (CIG), qui devra présenter au Conseil de Sécurité le

---

1. Membre non permanent du Conseil de Sécurité à cette date.
2. Le Conseil de gouvernement intérimaire de vingt-cinq membres s'est réuni pour la première fois le 13-07-2003 à Bagdad. La nomination de ses membres a été approuvée par l'administrateur civil américain P. Bremer. Ils sont issus de « l'intérieur » et d'exil, mais plus encore des différentes communautés irakiennes (chiite, sunnite, kurde, chrétienne et turkmène). Le Conseil est compétent pour désigner les ministres d'un futur cabinet, nommer des représentants diplomatiques à l'étranger et voter le budget. L'administrateur américain possède toutefois un droit de veto sur les décisions du Conseil.
3. Corine Lesnes, « L'ONU entérine à l'unanimité l'opération américaine en Irak », *Le Monde*, 18-10-2003.
4. RGDIP, 2004, p. 192.

15 décembre 2003 au plus tard son plan pour élaborer la nouvelle constitution.

Au fur et à mesure que la situation en Irak leur échappe, les membres de la Coalition se tournent de plus en plus vers l'ONU car il leur reste peu de portes de sortie. Il serait irresponsable de quitter immédiatement le pays et de le laisser sombrer dans le chaos. La stratégie, qui a prévalu jusqu'à maintenant et qui était de tenir l'ONU écartée de l'administration de l'Irak, s'est révélée être un échec. Il est d'ailleurs significatif qu'après le transfert de souveraineté aux Irakiens, l'administrateur civil P. Bremer a été remplacé par John Negroponte, ambassadeur des Etats-Unis auprès de l'ONU. Ainsi, « [u]n diplomate façon ONU va succéder au "proconsul" »[1]. Ce changement du personnel dirigeant est caractéristique d'un assouplissement de l'administration Bush, d'autant que J. Negroponte est un proche du Secrétaire d'Etat C. Powell, qui a toujours œuvré en faveur de solutions plus multilatérales que le vice-Président D. Cheney ou le Secrétaire à la Défense D. Rumsfeld.

La situation s'est en effet accélérée en avril 2004 lorsque les Chiites ont entamé une rébellion pour chasser les Occidentaux du pays. Les Chiites se trouvèrent aux côtés des Sunnites pour fomenter des troubles. L'administration Bush fut bien obligée de marquer une inflexion dans son attitude vis-à-vis des Nations Unies car même la maîtrise militaire des Américains en Irak n'était plus aussi assurée qu'un an auparavant. La « doctrine » Bush se heurte aux réalités du terrain. Partant du principe que les moyens militaires sont décisifs dans la gestion des problèmes dans le monde, les Etats-Unis ont négligé les questions politiques. Lorsque la situation militaire se dégrada, ce qui fut le cas en Irak au printemps 2004, la Maison Blanche dut faire marche arrière et tendre la main à l'organisation qu'elle avait tant décriée l'année précédente. L'absence de préparation de l'après-guerre devenait de plus en plus évidente.

Cependant, les Etats-Unis entendaient ne pas se laisser dicter leur comportement par d'autres pays, fussent-ils leurs alliés. Ils ont laissé peu de place à leurs alliés britannique, espagnol ou polonais.

---

1. Corine Lesnes, « John Negroponte, représentant américain à l'ONU, est nommé ambassadeur à Bagdad », *Le Monde*, 21-04-2004.

Ceux-ci n'ont en effet jamais eu une influence réelle sur les opérations ou sur la reconstruction de l'Irak. Quant au « transfert de souveraineté » que le Président Bush avait prévu pour le 30 juin 2004, il ne pouvait qu'être partiel car le gouvernement irakien ne pouvait être pleinement souverain que dans les ministères techniques mais pas dans le domaine de la sécurité.[1] On peut se demander si l'obstination des Etats-Unis à vouloir circonscrire le rôle des autorités irakiennes et de l'ONU ne leur fut pas défavorable. Leur stratégie très militaire ayant jusqu'en mai 2004 échoué, il aurait pu être judicieux d'ouvrir leurs perspectives aux autres membres de la communauté internationale.

Le 16 avril 2004, le Président G. W. Bush et le premier ministre britannique T. Blair ont communiqué leur soutien aux propositions faites par L. Brahimi.[2] Ce dernier a présenté ses idées au Conseil de Sécurité le 27 avril 2004. Malgré le problème le plus vif en Irak, la sécurité, il a déclaré qu'une solution politique était la seule viable et qu'il fallait agir vite.[3] Il s'est prononcé pour le maintien du 30 juin 2004 comme date de fin de l'occupation par la Coalition et pour la formation d'un nouveau gouvernement transitoire, composé de technocrates sans ambitions politiques qui se contenteraient de gérer les affaires courantes jusqu'aux élections législatives, en janvier 2005. Le Conseil de Sécurité a peu après apporté son soutien aux grandes lignes présentées par L. Brahimi.[4]

Avec les conseils de L. Brahimi, un nouveau Président irakien a été nommé le 1er juin 2004, Ghazi Al-Yaouar, bien qu'il n'était pas le candidat des Américains.[5] Le nouvel exécutif a remplacé le gouvernement transitoire irakien, constituant ainsi la première étape du transfert de pouvoir aux Irakiens, qui eut effectivement lieu le 28 juin 2004, les Etats-Unis redoutant une flambée de violence le jour prévu.[6]

---

1. Corine Lesnes, « Le Conseil de sécurité approuve les grandes lignes du plan Brahimi pour l'Irak », *Le Monde*, 24-04-2004.
2. Patrick Jarreau, « MM. Bush et Blair envisagent un rôle pour l'ONU dans la préparation du 30 juin en Irak », *Le Monde*, 18-04-2004.
3. Voir le centre des nouvelles sur le site de l'ONU :
http://www.un.org/french/news/index.html
4. Corine Lesnes, « Le Conseil de sécurité... », art. cité.
5. Le Monde, 1-06-2004, édition en ligne.
6. Patrice Claude, « Les Américains ont accéléré le transfert du pouvoir aux Irakiens », *Le Monde*, 29-06-2004.

L'insécurité demeurant vive en Irak, l'ONU est quasiment absente en Irak depuis octobre 2003 et n'a pas pour l'instant l'intention d'y réinstaller un nombre important de personnels. Début juillet 2004, le secrétaire général Kofi Annan a nommé un représentant permanent en Irak, le diplomate pakistanais Ashraf Jehangir Qazi, qui s'est rendu pour la première fois en Irak en août 2004 pour assister à la conférence nationale.[1] Les Nations Unies assument leur rôle dans la préparation des élections qui sont prévues, en principe, pour le 30 janvier 2005, en formant la commission électorale irakienne chargée de superviser les opérations de vote.

L'administration Bush a accepté fin septembre 2004 a tenue d'une conférence internationale sur l'Irak. La décision de l'administration Bush, en se ralliant à cette idée, se comprend mieux dans le contexte électoral américain.[2] Le candidat démocrate John Kerry accusait alors régulièrement le Président Bush d'avoir isolé les Etats-Unis sur la scène internationale. La conférence a eu lieu à Charm el-Cheikh, en Egypte les 22 et 23 novembre 2004. Les participants ont tenu à se réconcilier après les confrontations du printemps 2003 et les élections en Irak ont été programmées pour le 30 janvier 2005. Une partie de la dette irakienne a été annulée, mais le rôle de l'ONU n'a pas été modifié.[3]

L'administration de G. W. Bush s'est trouvée confrontée à la dimension incontournable des Nations Unies et les difficultés rencontrées en Irak ont montré aux Etats-Unis qu'on ne pouvait guère se passer de l'Organisation. Un autre obstacle s'est dressé sur le chemin de l'administration américaine : la réticence des autres membres du Conseil de Sécurité.

---

1. Corine Lesnes, « Le Conseil de Sécurité a reconduit, à l'unanimité, la mission d'assistance de l'ONU », *Le Monde*, 14-08-2004.
2. Corine Lesnes, « Virage à Washington : « oui » à une conférence internationale sur l'Irak », *Le Monde*, 26/27-09-2004.
3. « La communauté internationale soutient le processus électoral irakien », *Le Monde*, 23-11-2004, édition en ligne.

Chapitre 2 : L'administration Bush et l'opposition des autres membres du Conseil de Sécurité

L'Organisation des Nations Unies est dominée de manière constitutive par les grandes puissances qui l'ont créée et qui sont membres permanents du Conseil de Sécurité.[1] Au-delà de la crise irakienne qui a secoué les Nations Unies pendant plusieurs mois se posait la question de la place des Etats-Unis dans le système international, de leurs rapports avec les autres puissances et avec leurs alliés. La crise irakienne a montré la centralité du processus décisionnel du Conseil.[2] Il n'a pas été décrédibilisé par son incapacité à voter une résolution autorisant l'intervention militaire en Irak, au contraire. Ce que les partisans de la guerre ont voulu percevoir comme un manque d'efficacité de l'ONU, le « camp de la paix » l'a vu comme une contrainte efficace mais limitée opposée à l'unilatéralisme des Etats-Unis. Le pouvoir militaire de Washington a été contraint par le pouvoir politique du Conseil de sécurité.[3] L'administration craignait que le multilatéralisme ne soit une contrainte et ils en ont fait l'amère expérience de septembre 2002 à mars 2003.[4]

L'étude des intérêts contradictoires des Etats membres du Conseil de Sécurité lors de la crise irakienne nous conduira à nous interroger sur le sens d'une réforme du Conseil de Sécurité, débattue depuis des années mais qui n'a pas encore vu le jour.

---

1. Les membres permanents du Conseil (Chine, Etats-Unis, France, Royaume-Uni et Russie) disposent d'un droit de veto sur les décisions du Conseil de Sécurité autres que les questions de procédure (ces dernières doivent être prises à une majorité de 9 voix sur 15, incluant les 5 voix des membres permanents). Si un membre permanent n'est pas présent ou s'il s'abstient, la décision est adoptée. Les membres non permanents, au nombre de dix, sont élus pour 2 ans, ils sont renouvelables par moitié tous les ans (2002 : Maurice, Norvège, Colombie, Singapour, Irlande, Syrie, Bulgarie, Guinée, Mexique et Cameroun. Rejoints en 2003 par l'Allemagne, l'Angola, le Chili, l'Espagne et le Pakistan).
2. Alexandra Novosseloff, « L'ONU ... », art. cité, p. 705.
3. Idem, p. 706.
4. Idem, p. 709.

1. Les intérêts contradictoires des différents membres

Si c'est la crise irakienne qui nous intéresse ici, c'est avant tout parce que les enjeux dépassaient le cas irakien. Il en allait de la définition du système des relations internationales dans l'après-Guerre froide.[1] Le Conseil de Sécurité fut le théâtre d'un affrontement diplomatique car ses différents membres y ont chacun défendu leurs intérêts et ont ainsi posé une limite relative aux tentations unilatéralistes de l'administration Bush.

Pendant la période qui a précédé le déclenchement de la guerre en Irak, les partisans et les adversaires d'un conflit armé en Irak ont débattu du problème de la seconde résolution.[2] Les Etats-Unis n'ont pas pu obtenir une légitimation internationale de leur guerre grâce à la structure même du Conseil de Sécurité. Les différents membres, qu'ils soient permanents ou non, ont des intérêts qui divergent, en particulier sur une aussi important question que le recours à la force dans les relations internationales. La rencontre de ces intérêts lors de la crise irakienne montre comment l'ONU fonctionne comme un modérateur de puissance.

Après avoir étudié les motivations du camp de la paix et l'intérêt des partisans de la guerre à une seconde résolution, nous verrons comment chaque camp a tenté d'obtenir des indécis un vote qui leur serait favorable.

Les motivations du camp de la paix

Trois pays se sont opposés à l'instrumentalisation des Nations Unies par les Etats-Unis lors de la crise irakienne : la France et la Russie, qui sont membres permanents du Conseil de Sécurité, et l'Allemagne, membre non permanent. Ces trois pays se trouvent chacun dans une situation politique, historique et stratégique différente et les intérêts qu'ils poursuivaient au début de l'année 2003 divergeaient profondément. Ils ont tout de même réussi à se concerter contre la guerre. On pourrait avancer que ce sont le

---
1. *Le Monde*, 7-03-2003.
2. La « première » résolution est ici la résolution 1441, qui instaure un régime d'inspections renforcées. Sachant que cette résolution ne saurait légitimer la guerre en Irak, les Etats-Unis et leurs alliés ont tenté d'obtenir une seconde résolution du Conseil de Sécurité autorisant explicitement le recours à la force.

comportement des Etats-Unis et la mise en œuvre de la « doctrine » Bush qui ont provoqué cette alliance de circonstance contre les projets américains.[1] Leur alliance de circonstance apparut pleinement après l'exposé de C. Powell au Conseil de Sécurité le 5 mars, lorsque la France, la Russie et l'Allemagne déclarèrent vouloir bloquer toute résolution autorisant le recours à la force contre Saddam Hussein.[2]

La France a dès le mois de septembre 2002 défendu une stratégie en deux temps : une première résolution devait permettre le retour des inspecteurs en désarmement en Irak puis le Conseil de Sécurité se réunirait de nouveau pour voir si la mission d'inspection a été entravée et quelles réponses devraient y être le cas échéant apportées, sachant que l'attaque militaire n'est pas la seule option.

Sans être opposée a priori à une intervention militaire, la France a œuvré pour éviter deux écueils : « la mise à l'écart de l'ONU résultant d'une décision unilatérale des Etats-Unis [et] l'utilisation du Conseil de Sécurité comme chambre d'enregistrement, avalisant en droit une opération déjà décidée par un Etat membre »[3]. Elle a souhaité éviter de donner un chèque blanc aux Etats-Unis qui auraient pu se prévaloir d'une résolution du Conseil de Sécurité pour décider d'eux-mêmes que l'Irak a violé ses obligations et que la guerre peut légalement avoir lieu. Comme la Chine et la Russie, la France refusait toute automaticité car l'ONU n'aurait alors servi que d'habillage politique.

La position française en septembre et octobre 2002 s'est articulée autour de trois types d'enjeux : la situation de l'Irak et du Moyen-Orient et les conséquences – pour la France et pour la région – d'une éventuelle opération militaire ; la relation franco-américaine et les risques d'une approche unilatérale des Etats-Unis et de leur doctrine de l'action préventive ; le rôle du Conseil de Sécurité dans la légalisation du recours à la force, et plus largement en tant qu'organe normatif.[4]

---

1. « Reactions to the United States' gradual ascent to towering preeminence have been predictable : coalitions of competitors have emerged » Michael J. Glennon, « Why the Security Council Failed », *Foreign Affairs*, mai/juin 2003.
2. Ibid.
3. Thierry Tardy, « La France et l'ONU, entre singularité et ambivalence », *Politique étrangère*, 2002, p. 944.
4. Ibid.

L'adoption de la résolution 1441 à l'unanimité fut un succès de la diplomatie française, appuyée en cela par les diplomaties russe et chinoise car elle établit un cadre juridique dont les Etats-Unis étaient réticents à négocier les termes. Plus encore, la France a réussi à conserver la centralité du Conseil et par là même sa propre place. La tension monta début 2003 entre la France et les Etats-Unis, alors que les Etats-Unis insistaient toujours davantage pour que le Conseil de Sécurité « prenne ses responsabilités » et que la France annonçait de plus en plus clairement son intention d'opposer son veto à une nouvelle résolution sur l'Irak.[1] Les relations entre les deux pays se sont très fortement détériorées et le secrétaire d'Etat américain Colin Powell a prévenu que l'attitude de la France aurait « un effet sérieux sur les relations bilatérales, au moins à court terme »[2].

La France, ancienne puissance coloniale, a trouvé une caisse de résonance lors du sommet France-Afrique qui s'est tenu du 19 au 21 février 2003.[3] Une déclaration y a été adoptée qui réaffirme que toutes les possibilités de la résolution 1441 n'ont pas été exploitées et « qu'il y a une alternative à la guerre ». La France a également voulu préserver son image auprès des pays arabes, de qui elle est traditionnellement proche. Elle a en outre tenté de tirer des leçons de son expérience avec le terrorisme.

La France a su utiliser son siège de membre permanent du Conseil de Sécurité comme un « multiplicateur de puissance » alors qu'elle n'est qu'une puissance moyenne.[4] Le Conseil de Sécurité est le seul endroit au monde où la France peut jouer d'égal à égal avec les Etats-Unis. Il permet à la France « d'exister » face aux Etats-Unis. C'est pourquoi la France privilégie à l'ONU les institutions dont la dimension politique est évidente. Plus généralement, l'ONU offre à la France un important cadre d'expression et lui permet de délivrer son « message universel » et de « tenir son rang ».

---

1. Cf. déclaration à la télévision du président de la République française en mars 2003.
2. Patrick Jarreau, « Les Etats-Unis et la France sont au bord d'une crise diplomatique », *Le Monde*, 11-03-2003.
3. Stephen Smith, « Le sommet de Paris donne une résonance africaine au discours français sur l'Irak », *Le Monde*, 22-02-2003.
4. Thierry Tardy, « La France et l'ONU... », art. cité, p. 945.

L'Allemagne s'est associée à la France pour défendre une solution pacifique à la crise irakienne. L'Allemagne est un pays à la politique étrangère encore floue. Depuis la réunification, elle se cherche et se confronte aux nouvelles problématiques de l'ère post-Guerre froide. L'une des difficultés actuelles de la diplomatie allemande est de trouver un positionnement par rapport aux deux autres puissances européennes, par ailleurs membres permanents du Conseil de Sécurité : la France et la Grande-Bretagne.

Il se trouva que fin 2002 et début 2003 l'Allemagne était membre non permanent du Conseil de Sécurité. Elle s'est ainsi retrouvée au cœur de l'activité diplomatique mondiale parce que chaque voix comptait pour le vote d'une seconde résolution.

Quand la question d'une intervention militaire en Irak fut publiquement posée, c'est-à-dire à l'été 2002, l'Allemagne était en pleine campagne législative et le chancelier Schröder, candidat à sa propre succession, s'était engagé devant ses électeurs à ne s'engager sous aucune condition dans un conflit armé. Il savait qu'il rencontrerait l'approbation de la population allemande, qui est profondément pacifiste depuis la Seconde Guerre mondiale. Mais le gouvernement allemand, réélu en septembre, se trouva en porte-à-faux par rapport au fort atlantisme traditionnel de la politique extérieure allemande. Ce positionnement du gouvernement, qui se mettait en travers du chemin de la coalition américano-britannique en refusant de voter une seconde résolution au Conseil de Sécurité, suscita de vives controverses au sein même du pays.

C'est en effet la relation transatlantique qui posa le plus gros problème aux Allemands dans la crise irakienne. Alors que les Français sont habitués à avoir des relations « chaotiques » avec les Américains, cela était nouveau pour les Allemands. Le gouvernement du chancelier Schröder a privilégié en l'espèce sa relation avec la France car les vues des deux pays se rejoignaient dans cette affaire. On lui a d'ailleurs reproché d'avoir adopté une attitude « suiveuse » vis-à-vis de son partenaire d'outre-Rhin.

Pour la Russie, la crise irakienne montra sa volonté d'implication plus grande dans les relations internationales, qui existe depuis la prise de pouvoir de Vladimir Poutine. L'épisode du Kosovo en 1999 avait révélé à Moscou qu'une opposition frontale avec les Etats-Unis et les puissances occidentales menait dans l'impasse. La Russie fait depuis preuve d'une intense activité diplomatique, essayant de combiner développement économique et bonnes relations avec les grandes puissances. V. Poutine, Président de la Fédération de Russie et principal ordonnateur de la politique extérieure, a beaucoup œuvré pour redorer le blason de son pays. Il a tenté de reconstruire l'Etat, par l'intermédiaire de la « verticale du pouvoir » et de la « dictature de la loi », pour éviter l'isolement du pays. L'ambition actuelle de la Russie « est de créer un système global de sécurité dans lequel elle occuperait une position de pivot »[1].

Pendant la crise irakienne, V. Poutine a tenu compte des intérêts pétroliers de son pays mais pas seulement : « sa politique a surtout été inspirée par son souci de préserver l'autorité de l'ONU et de limiter autant que possible l'unilatéralisme américain »[2]. Mais il a eu l'habileté de s'abriter derrière ses homologues français et allemand pour ne pas subir la colère de Washington.[3] Cette crise lui a permis d'une certaine manière d'affirmer sa présence et de regagner de l'influence dans les cercles diplomatiques. Tout comme la France, la Russie sait que le Conseil de Sécurité est la seule enceinte où elle parle d'égal à égal avec les grandes puissances et n'a donc pas manqué l'occasion de défendre le rôle des Nations Unies.

Le principal résultat obtenu par les opposants à la guerre, même s'il n'est pas négligeable, fut d'empêcher qu'un nouveau vote ait lieu au Conseil de Sécurité. Ils ont tous les trois défendu, et particulièrement la France, leur vision d'un monde multipolaire, qui s'oppose de fait à la superpuissance américaine. Ils n'ont pas réussi à empêcher la guerre mais ont privé cette dernière d'une légitimation au regard du droit international. Ils ont de plus évité un affrontement frontal entre l'Occident et le monde arabe en refusant leur alignement sur les Américains.

---

1. Thomas Gomart, « Vladimir Poutine ou les avatars de la politique étrangère russe », *Politique étrangère*, 2003, p. 800.
2. Idem, p. 798.
3. Les relations russo-américaines se sont nettement améliorées depuis le 11.septembre 2001, après lequel le président Poutine avait soutenu la Maison Blanche. Le traité de mai 2002 est une preuve de ces bonnes relations : les Etats-Unis et la Russie s'engagent à réduire le nombre d'ogives offensives qu'ils possèdent, même si ils peuvent les conserver en stock et ainsi les réactiver en quelques jours.

Les partisans de la guerre et une deuxième résolution

Les partisans convaincus d'une intervention armée en Irak aux côtés des Etats-Unis sont au nombre de trois : la Grande-Bretagne, membre permanent, l'Espagne et la Bulgarie. Pour les deux premiers, une seconde résolution adoptée par le Conseil de Sécurité aurait eu le très grand avantage de justifier la guerre sur le plan intérieur. Les deux premiers ministres Blair et Aznar ont en effet dû faire face à une forte désapprobation populaire, voire gouvernementale.

Tony Blair a dès le début de la crise irakienne soutenu G. W. Bush dans sa volonté d'en découdre avec Saddam Hussein. La Grande-Bretagne s'était déjà engagée en décembre 1998 dans l'opération « Renard du désert » aux côtés des Etats-Unis. Le Premier ministre britannique a eu un comportement fidèle vis-à-vis du Président américain jusqu'au bout. Son engagement s'expliquerait par trois arguments.[1] Premièrement, il aurait agi par pragmatisme en espérant pouvoir participer à la définition de la position américaine. Deuxièmement, il aurait été convaincu que S. Hussein représentait une menace réelle et croissante. Enfin, il aurait considéré que la crise irakienne était une occasion pour l'Europe d'agir de manière unifiée.

T. Blair a dû faire face à une grande hostilité dans la population. En septembre 2002, entre 150 000 et 200 000 personnes étaient descendues dans la rue pour s'opposer à la guerre.[2] Fin janvier 2003, seulement un Britannique sur cinq était favorable à la guerre sans l'aval de l'ONU. Mais à la même date, 72% des sondés approuvaient une participation du Royaume-Uni si une seconde résolution était adoptée. La population a donc montré un fort « légitimisme », ce qui explique les efforts entrepris par T. Blair pour obtenir une approbation du Conseil de Sécurité.

Le mouvement anti-guerre a touché toutes les couches de la population, ainsi que des milieux très disparates : syndicats, Eglises, presse ou encore minorités (surtout musulmane). Les arguments défendus sont le manque de légitimité d'une telle action,

---

1. Tom Bentley, « Portrait de M. Anthony Blair en pragmatique », *Le Monde diplomatique*, février 2003.
2. Jean-Pierre Langellier, « Le gouvernement britannique est confronté au scepticisme, voire à une opposition grandissante de l'opinion », *Le Monde*, 1-02-2003.

l'absence d'une menace suffisante, les liens entre S. Hussein et Al-Qaida non prouvés ou encore la haine du monde arabe. Dans son propre gouvernement, T. Blair a affronté la démission de plusieurs membres, dont Clare Short, ministre du développement international.

Il a également été accusé à mots couverts de diviser l'Europe par le premier ministre grec Costa Simitis, alors Président en exercice de l'Union Européenne.[1] Les relations entre la Grande-Bretagne d'une part et l'Allemagne et la France d'autre part ont été ternies par le différend irakien. Mais T. Blair avait clairement fait le choix de l'atlantisme.

Seuls la presse de droite et des députés conservateurs, alors que T. Blair est travailliste, se sont prononcés franchement pour une participation britannique. Le parti conservateur, ouvertement proaméricain et atlantiste, avait même donné pour consigne à ses députés de n'émettre aucune critique contre le gouvernement à ce sujet. Les députés travaillistes au contraire étaient plus que réticents dans leur ensemble.

Début mars, la Grande-Bretagne et l'Espagne ont tenté de proposer un projet de résolution incluant un ultimatum à S. Hussein, espérant ainsi gagner de nouvelles voix au Conseil.[2] Mais même les Etats-Unis s'en sont désintéressés, ce qui fut un exemple du peu d'influence que les Britanniques ont eu sur les Américains.

Quant au Premier ministre espagnol, il a avant tout voulu rendre à son pays une place dans la communauté internationale : « Nous ne voulons pas que l'Espagne soit reléguée dans un coin de l'Histoire, avec les pays qui ne comptent pas »[3]. La crise irakienne a donné l'opportunité à José Maria Aznar de pouvoir s'imposer sur la scène internationale, en particulier face à l'Allemagne et à la France. Cet homme, que l'on qualifie souvent de taciturne et autoritaire, voulait faire jouer un rôle à l'Espagne car il aurait eu la conviction d'avoir à faire à un conflit de civilisations. La frontière

---

1. Jean-Pierre Langellier, « Tony Blair apporte à George Bush l'appui d'une partie de l'Europe », Le Monde, 1-02-2003.
2. Corine Lesnes, « La tentative de compromis britannique en panne », Le Monde, 8-03-2003.
3. J. M. Anar cité dans Cécile Thibaud, « Qu'est-ce qui fait tenir Aznar ? », L'Express, 13-03-2003.

Sud de l'Espagne est en effet fragile car la différence de richesses entre l'Espagne et le Maroc est énorme.

Il a également pu renforcer son prestige en faisant partie des « gens qui comptent ». C'est lui qui aurait été à l'origine de la « lettre des huit » signée le 30 janvier 2003, qui est en fait une « profession de foi proaméricaine »[1]. Il a régulièrement côtoyé son homologue britannique mais aussi et surtout le Président américain. La rencontre tripartite des coalisés sur l'archipel des Açores peu avant le déclenchement de la guerre fut l'heure de gloire de José Maria Aznar.

L'opposition populaire intérieure en Espagne a été importante, même si cela importait peu à son premier ministre. Le 15 février 2003, les manifestations ont rassemblé un nombre de personnes inégalé depuis celles qui ont suivi la tentative de coup d'Etat du 23 février 1981.[2] Début mars 2003, 91% des Espagnols se déclaraient hostiles à un conflit. Au sein du gouvernement, malgré quelques réticences ici et là, aucun ministre n'a clairement affiché son opposition.

Quant à la Bulgarie, elle a réagi comme tous les pays d'Europe de l'Est, par un soutien inconditionnel aux Etats-Unis. La Bulgarie part du postulat que la relation atlantique est fondamentale pour assurer sa sécurité, notamment par le biais de l'OTAN.[3] Les problèmes de sécurité sont graves dans ces pays nouvellement délivrés de l'influence soviétique car ils sont encore instables. Or, l'Union européenne a montré son impuissance, à résoudre les conflits interethniques notamment. L'élargissement de l'OTAN a été perçu comme un garant de la sécurité nationale et de la stabilité régionale. Les Etats-Unis sont également une manière de se protéger contre un retour du jeu des grandes puissances, le Royaume-Uni, la France et l'Allemagne. Sans constituer une adhésion en bloc à la politique conservatrice de l'administration Bush, la Bulgarie aurait donc répondu à des intérêts nationaux fondamentaux de long terme.

---

1. Jean-Pierre Langellier, « Tony Blair apporte à... », art. cité. Cette lettre a été signée par les premiers ministres polonais, hongrois, espagnol, britannique, portugais, italien et danois et par le président tchèque.
2. Cécile Thibaud, « Qu'est-ce... », art. cité.
3. Ognyan Mintchev, « « L'atlantisme » est-européen, une position pragmatique ? », Mediapool, 30-03-2003 (www.balkans.eu.org/article 3145.html, 23-03-2004).

Même si G. W. Bush a trouvé dans ces trois pays des alliés de choix car ils faisaient partie du Conseil de Sécurité, leur attachement à l'adoption d'une seconde résolution était plus important du fait de l'hostilité de leur population, en Espagne et au Royaume-Uni avant tout. L'administration Bush avait sans doute espéré que plus d'Etats les soutiendraient dans la crise irakienne, malgré une opposition interne, mais elle s'était trompée dans ses calculs.

Les indécis soumis aux pressions des deux camps

Le principe fondamental de l'égalité souveraine des Etats membres de l'ONU a conduit des Etats habituellement un peu voire totalement absents de la vie internationale sous les feux de l'actualité. Début 2003, ils ont fait l'objet d'une intense pression de la part des deux camps en vue de l'adoption ou du rejet de la seconde résolution, au cours d'un grand « bazar »[1]. L'obtention d'une majorité de neuf membres sur quinze (sans parler du droit de veto des membres permanents) requérait en effet que le plus de voix possibles soient assurées.

Condoleezza Rice, conseillère de G. W. Bush pour la sécurité nationale a ouvertement reconnu que les questions commerciales, les aides financières ou encore les demandes de ces pays au FMI faisaient partie des arguments employés par Washington pour convaincre.[2]

Dominique de Villepin, ministre français de Affaires étrangères, a effectué une tournée express le 10 mars auprès des trois Etats africains membres du Conseil de Sécurité. Le secrétaire d'Etat adjoint charge des affaires africaines Walter Kansteiner avait fait de même deux semaines auparavant. Le Royaume-Uni y a également envoyé des émissaires. La Guinée se trouve dans une situation de dépendance vis-à-vis des Etats-Unis et de la France.[3] Les premiers sont son principal soutien militaire pour faire face

---

1. Matthias Nass, « Das große Feilschen auf dem Irak-Basar. Ist der Krieg noch zu verhindern? Erhält Amerika ein UN-Mandat ? », *Die Zeit*, 6-03-2003.
2. Patrick Jarreau, « Les Etats-Unis et la France… », art. cité.
3. Stephen Smith, « La Guinée, le Cameroun et l'Angola, les trois voix d'un continent africain soudainement très courtisé », *Le Monde*, 8-03-2003.

aux raids transfrontaliers des rebelles libériens et sierra léonais.[1] La deuxième est son principal bailleur de fonds. Le Cameroun est lui lié à la France par un accord de défense, qui pourrait être bien utile à ce pays africain dans son différend avec son puissant voisin nigérian pour le contrôle de la presque île pétrolière de Bakassi. Mais comme la Guinée, le Cameroun bénéficie de « l'Africa Growth and Opportunity Act » dont est exclu tout Etat qui nuirait par ses activités à la sécurité nationale des Etats-Unis. L'Angola, producteur de pétrole au sortir d'une guerre civile de 25 ans, espère l'aide internationale pour financer la reconstruction du pays et le retour des populations déplacées. Soudainement, des aides sont parvenues au cours de la crise irakienne. Les compagnies pétrolières américaines sont en position dominante dans ce pays.

Le Chili avait début 2003 peu de marge de manœuvre. Il venait de signer un accord de libre-échange avec les Etats-Unis qui devait être ratifié par le Parlement de chaque pays. Il était également sur le point de conclure un important accord dans le domaine de la défense, concernant l'achat à des conditions préférentielles d'avions de chasse américains F-16. Le Mexique, voisin méridional des Etats-Unis dont il dépend en grande partie par la voie du commerce[2], était tenaillé entre sa volonté de garder de bonnes relations avec son voisin et son désaccord sur la question du recours à la force. Les Mexicains vivant aux Etats-Unis auraient pu pâtir d'un « non » de leur gouvernement.

Le Pakistan aurait préféré ne pas siéger au Conseil de Sécurité à ce moment-là.[3] Ce pays s'est rangé aux côtés des Etats-Unis dans la guerre contre le terrorisme après le 11 septembre 2001, malgré l'opposition de son peuple majoritairement antiaméricain. L'armée pakistanaise bénéficie d'une aide militaire américaine et les Etats-Unis peuvent jouer un rôle central dans la résolution du conflit au Cachemire, qui oppose le Pakistan à l'Inde.

Toutes ces tractations ont finalement mené à peu de choses puisque les coalisés américain, britannique et espagnol ont renoncé

---

1. En 2002, les Etats-Unis ont assuré la formation de 800 « rangers » guinéens et fourni pour 400 000 dollars d'équipements de transmission.
2. Le Mexique réalise près de 90% de son commerce avec les Etats-Unis.
3. « Ce n'était vraiment pas le moment d'être membre du Conseil de Sécurité et dans une position si difficile ». Déclaration du président Pervez Musharraf le 6-03-2003, citée dans Françoise Chipaux, « Le Pakistan préfèrerait ne pas siéger au Conseil », *Le Monde*, 8-03-2003.

à mettre au vote leur projet de seconde résolution, craignant une réponse négative. Mais elles montrent les jeux de pouvoir et les pressions qui s'exercent entre membres du Conseil de Sécurité lorsque la mise est décisive. Le Président Bush a fait tout ce qu'il a pu pour réunir le nombre de suffrages nécessaires au vote d'une seconde résolution de Conseil de Sécurité. Il s'est heurté à l'opposition plus ou moins voilée des autres membres et sa « doctrine », dont l'une des composantes est la guerre préventive, a été mise à mal car elle a été de fait rejetée par une part non négligeable de la communauté internationale.

2. Les intérêts variables des Etats membres à une réforme du Conseil de Sécurité

Les rédacteurs de la Charte avaient voulu créer un organe restreint et puissant disposant d'importants moyens pour mettre en œuvre, voire imposer, ses décisions. Elle a été « écrite pour un monde de puissance tempérée par un peu de raison »[1]. Ce qui ne pouvait pas être prévu, c'est la place qu'occupent actuellement les Etats-Unis dans les relations internationales. Le Conseil de Sécurité s'accommode mal du monde unipolaire tel qu'il résulte de l'après-Guerre froide. Une autre mutation a accompagné la chute de l'Union soviétique : l'apparition d'acteurs non étatiques sur la scène internationale, tels que les sociétés multinationales, les organisations non gouvernementales ou, dans un autre registre, le crime organisé et le terrorisme international.[2]

La question de la réforme de l'ONU et, plus spécifiquement, du Conseil de Sécurité fait l'objet de débats depuis bientôt dix ans. La dernière impulsion en date est celle de Kofi Annan qui a annoncé le 4 novembre 2003 la création d'un groupe de travail chargé de réfléchir aux adaptations à apporter aux mécanismes de la sécurité collective. Ce groupe de personnalités, dont faisait notamment partie Robert Badinter, ancien ministre français de la Justice, et Sadako Ogata, ancien Haut Commissaire pour les réfugiés, devait proposer des éléments de réforme du système international.

---

1. Anne-Marie Slaughter, « Misreading the Record », *Foreign Affairs*, juillet/août 2003.
2. Boutros,Boutros-Ghali, « Peut-on réformer l'ONU ? », *Pouvoirs*, avril 2004.

La réforme dépend du rôle que l'on assigne au Conseil de Sécurité. A la fin de la deuxième guerre mondiale, on voulait surtout empêcher une nouvelle guerre entre grandes puissances, ce qui a donné naissance au droit de veto. D'autres attendent du Conseil de Sécurité qu'il assume pleinement ses responsabilités de garant de la paix internationale. L'enjeu de la réforme réside dans l'accentuation ou au contraire dans l'affaiblissement du rôle du Conseil comme modérateur de puissance.

La crise irakienne exacerba en quelque sorte les défauts du Conseil de Sécurité mais elle n'en est assurément pas la cause. Les deux principaux problèmes auxquels il devrait être remédié en cas de réforme du Conseil sont sa représentativité et son efficacité. Mais ces réformes doivent prendre en compte les exigences américaines.

Refléter la situation géopolitique mondiale et la position prépondérante des Etats-Unis ?

Le Conseil de Sécurité reflète les rapports de force issus de la Seconde Guerre mondiale. Les Etats du Nord, en particulier européens, y sont surreprésentés par rapport aux pays du Sud. La crise irakienne a cependant montré que les pays du Nord ne s'unissent pas nécessairement pour imposer leur volonté au reste du monde.

La France et le Royaume-Uni seraient particulièrement exposés par une réforme du Conseil de Sécurité, du fait de leur « poids » actuel sur la scène internationale et de leur appartenance à l'Europe. La question d'un siège commun pour l'Union Européenne a été évoquée puisque les Etats de l'UE cherchent à se doter d'une Politique Etrangère et de Sécurité Commune (PESC). Mais la division des Etats européens pendant la crise a montré à quel point le chemin est encore long à parcourir avant d'arriver à une véritable politique extérieure concertée. Le transfert d'un siège permanent à l'UE n'est donc pas vraiment à l'ordre du jour.

En outre, trois raisons laissent à penser que les sièges de la France et du Royaume-Uni ne sont pas directement menacés. Premièrement, aucun projet de réforme ne prévoit que des Etats cèdent leur siège. Au contraire, il est fortement discuté d'augmenter le nombre de sièges.[1] Deuxièmement, une réforme du Conseil de Sécurité suppose une révision de la Charte, qui n'est possible qu'avec l'accord des membres permanents. Enfin, la France et le Royaume-Uni peuvent se prévaloir d'un rôle actif au Conseil. Leurs missions permanentes à New York sont assez largement saluées au sein même du Secrétariat général pour leur dynamisme.[2] Les Etats-Unis ne se sont jamais prononcés en faveur du renoncement du Royaume-Uni et de la France à leur siège de membre permanent, d'autant plus que ces trois pays sont alliés depuis des décennies. Au cas où l'Europe unifiée deviendrait une puissance au niveau mondial, il pourrait devenir profitable aux Etats-Unis de voir l'Union Européenne dotée d'un siège permanent car les rapports de force entre les différents pays pourraient jouer en leur faveur.

L'intégration de nouveaux membres permanents pose la difficulté du choix des Etats à qui l'on ferait ce privilège. Sont régulièrement cités l'Allemagne, le Japon, l'Inde et le Brésil. Ces quatre pays ont d'ailleurs fait connaître publiquement en septembre 2004 leur volonté de devenir membres permanents du Conseil de Sécurité.[3]

Les places de l'Allemagne et du Japon sont peu discutées, sauf par l'Italie qui avait déjà vigoureusement protesté contre la candidature de l'Allemagne dans les années 1990. Mais il existe une forte compétition régionale, d'une part, entre l'Inde et le Pakistan et, d'autre part, entre le Brésil et l'Argentine. Les premiers s'opposent sur la question du Cachemire, pour lequel ils ont déjà fait plusieurs guerres. Ils se sont dotés récemment de bombes atomiques et la tension n'est pas tombée depuis plusieurs années. La rivalité qui oppose l'Argentine et le Brésil a trait quant à elle à la domination du continent sud-américain. S'ajoute à cela l'antagonisme linguistique entre un Brésil lusophone et une

---

1. Certains projets prévoient une augmentation du nombre des sièges permanents et non permanents, d'autres des sièges non permanents uniquement. Parmi ceux qui sont régulièrement cités pour devenir membres permanents se trouvent l'Allemagne et le Japon pour les pays industrialisés et l'Inde, le Nigeria et le Brésil pour les pays du Sud. Thierry Tardy, « La France et l'ONU... », art. cité, p. 940.
2. Ibid.
3. Corine Lesnes, « Le Japon, le Brésil, l'Inde et l'Allemagne veulent siéger au Conseil de sécurité de l'ONU », Le Monde, 24-09-2004.

Argentine hispanophone. Il est peu probable que le Pakistan et l'Argentine laissent leur rival prendre un tel avantage, qui peut se révéler décisif dans les moments critiques.

Prendre en compte le critère géographique pour élargir le nombre de membres permanents signifierait que ces Etats sont les représentants de leur région, ce qui est faux.[1] Ce sont les membres non permanents qui assument ce rôle. De plus, figer la situation actuelle en permettant l'accès de certains Etats à un siège de membre permanent reviendrait à nier l'un des buts principaux de l'ONU, le développement.

L'élargissement des membres du Conseil présente un risque qui unit tous les membres permanents : le privilège d'être un membre permanent est d'autant plus important qu'il est attribué à un nombre faible de pays. Le droit de veto était le prix à payer à la fin de la Seconde Guerre mondiale pour que les grandes puissances y participent. On avait alors fait le pari que l'alliance qui avait vaincu les puissances de l'Axe se maintiendrait afin de garantir la paix dans le monde. Le Conseil de Sécurité constitue à ce titre une sorte de « directoire des Grands »[2]. Le système de sécurité collective ne respecte pas deux principes fondamentaux de l'ONU : « le respect des compétences classiquement reconnues à l'Etat souverain (puisque ce dernier renonce à la force) » et « le principe de l'égalité des Etats »[3]. Mais cette contrainte était nécessaire.

Certains Etats sont hostiles à l'extension de ce privilège alors que les candidats aux sièges permanents considèrent que le droit de veto en est indissociable. La question s'est donc posée d'attribuer ou non aux nouveaux membres permanents le droit de veto. Il faut ajouter que celui-ci constitue sans doute possible un atout majeur pour l'Etat qui le possède, mais il présente également des contreparties : les devoirs de ceux qui le possèdent sont plus lourds en terme de financement des opérations[4] et de prix politique car utiliser son droit de veto, c'est montrer son isolement et sa faiblesse[5]. Le Conseil de Sécurité « devrait refléter la réelle

---

1. Olivier Fleurence, *Le débat actuel sur la réforme du Conseil de Sécurité de l'Organisation des Nations Unies*, Thèse, Paris II, 1998, p. 121.
2. Pierre-Marie Dupuy, *Droit international...*, op. cité, p. 577.
3. Ibid.
4. Cf. *supra* pour les différences de barème.
5. Olivier Fleurence, *Le débat actuel...*, op. cité, p. 102.

division du travail et des responsabilités entre ses membres pour le maintien de la paix et de la sécurité »[1].

Un accroissement du nombre de détenteurs du droit de veto pourrait de plus induire un risque de blocage encore plus grand du Conseil et ainsi nuire à son efficacité. Aucun membre permanent n'a intérêt à ce que le « club » s'élargisse. Les Etats-Unis ne font ici pas exception à la règle, d'autant plus qu'ils peuvent ainsi exercer leur influence sur une grande partie des membres, du fait de leur petit nombre. Le groupe de personnalités de haut niveau mis en place par K. Annan a proposé dans l'une de ses deux pistes de réflexion de ne pas accorder le droit de veto aux six nouveaux sièges permanents qui seraient créés.[2]

Quant aux membres non permanents, dont le nombre est également susceptible de s'accroître, leur rôle est d'assumer « une participation large et renouvelée de l'ensemble de l'Organisation aux travaux du Conseil de Sécurité »[3]. Chaque mouvance peut ainsi s'exprimer. Depuis la révision de la Charte de 1963 qui a figé la répartition des sièges entre les différents groupes régionaux, les membres non permanents ont un rôle de représentation.

Mais le Conseil de Sécurité dans son ensemble n'est pas une assemblée de délégataires. Au nom du dédoublement fonctionnel de G. Scelle, les gouvernements nationaux agissent pour leur compte en même temps que pour le compte de la collectivité internationale.[4]

Le groupe de personnalités de haut niveau a proposé la création soit de trois soit de huit sièges non permanents.[5]

Les Etats-Unis ont sans doute intérêt à ce que certains de leurs alliés sûrs deviennent membres permanents. Mais la question du droit de veto est essentielle dans la mesure où pouvoir bloquer

---

1. The Security Council « should reflect the real division of labor and responsibility among members for maintaining international peace and security ». Kim R., Holmes, Secrétaire assistant pour le bureau des affaires des organisations internationales, Discours devant le forum national pour les Nations Unies, 26-06-2003 (http://www.state.gov/p/io/rls/rm/2003/22030.htm, 23-03-2004).
2. Daniel Vernet, « Seize "sages" proposent deux formules pour élargir le Conseil de sécurité », Le Monde, 2-12-2004.
3. Olivier Fleurence, Le débat actuel..., op. cité, p. 85.
4. Georges Scelle, Manuel de droit international public, Domat-Montchrestien, Paris, 1948, p. 242.
5. Daniel Vernet, « Seize "sages"... », art. cité.

l'action du Conseil de Sécurité, c'est pouvoir mettre son rôle de modérateur de puissance. Les Etats-Unis sont ainsi en première ligne puisqu'ils sont les plus enclins de nos jours à agir hors de leurs frontières.

Créer les structures d'un Conseil de Sécurité efficace

L'efficacité recouvre deux notions : l'efficacité « décisionnelle » (efficiency) et l'efficacité « opérationnelle » (effectiveness).[1]

L'efficacité « décisionnelle » est la capacité d'adopter rapidement une décision, de parvenir à un compromis. S'il est incapable de prendre une décision, le Conseil de Sécurité perd de son crédit. C'est pour cela que le Conseil de Sécurité est un organe restreint. Des projets envisagent d'augmenter le nombre de membres de quinze actuellement à vingt ou trente. On peut se demander si le nombre actuel n'est pas déjà excessif. Une question très sensible, celle du maintien de la paix, a déjà provoqué dans le passé beaucoup de divergences et il n'est pas certain qu'un consensus sera plus facile à trouver entre des membres plus nombreux.

Mais une fois la décision adoptée, encore faut-il la traduire en acte. Deux conditions doivent être réunies[2] : premièrement, la décision doit faire l'objet d'un consensus suffisamment large pour assurer le soutien politique nécessaire. Deuxièmement, le soutien des Etats membres doit se traduire dans les faits et ces Etats doivent donner à l'ONU les moyens de faire respecter ses décisions.

L'ONU est un système qui dépend de la volonté de ses membres. Les organisations internationales sont le reflet des dynamiques géopolitiques sous-jacentes.[3] Les événements de l'entre-deux-guerres ont amené beaucoup de dirigeants dans le monde à constater que la paix ne peut être établie que par l'action conjuguée des grandes puissances. Cette idée est implicitement contenue dans la règle de l'unanimité des grandes puissances et qui explique aussi pourquoi la Charte a été qualifiée de système de

---
1. Olivier Fleurence, *Le débat actuel...*, op. cité, p. 133.
2. Idem, p. 141.
3. Michael J. Glennon, « Why the Security... », art. cité.

sécurité collective limitée, aucune mesure coercitive ne pouvant être décidée contre la volonté d'un des pays détenant un siège permanent au Conseil de sécurité.

Or, ces membres permanents de retrouvent en concurrence les uns avec les autres et le Conseil de Sécurité est l'un des terrains où ils s'affrontent. Cette donnée est immuable. Une réforme devrait assimiler la manière dont les Etats agissent réellement plutôt que celle dont ils devraient agir. L'ONU, qui est une organisation d'inspiration idéaliste, est vouée à l'échec si elle se coupe trop des réalités des rapports entre les Etats.

La France est dans cette optique de concurrence un très bon exemple : en plus d'utiliser son siège de membre permanent pour faire entendre sa voix, la France milite pour un monde multipolaire, ce qui va forcément à l'encontre des intérêts des Etats-Unis. La France voit ainsi dans l'Europe, qu'elle espère dans une certaine mesure pouvoir contrôler, un moyen de contrebalancer l'hégémonie américaine.

Le fait que les Etats se fassent concurrence n'a rien d'anormal, bien au contraire. Le Conseil de Sécurité est avant tout un « cadre juridique de marchandage politique »[1]. Mais cette concurrence entre membres du Conseil, qui peut parfois dégénérer en affrontement, a un effet néfaste sur le fonctionnement du Conseil de Sécurité en tant que garant de la paix internationale. D'autant plus qu'elle est désormais déséquilibrée. Pendant la Guerre froide, qui a suivi de peu la création des l'ONU, les deux Grands, les Etats-Unis et l'URSS, s'équilibraient et la stabilité internationale était assurée par leurs capacités militaires leur permettant de se détruire mutuellement. Cette confrontation s'est retrouvée au Conseil de Sécurité et a abouti à un long blocage. Aujourd'hui, le problème est tout autre : les Etats-Unis ne connaissent pas de rival et aucun autre Etat seul ne peut les empêcher d'agir comme bon leur semble.

Les réalités géopolitiques ont changé, mais une réforme du Conseil de Sécurité les prenant en compte peut-elle améliorer son efficacité ? Si les Etats-Unis sont suffisamment puissants pour considérer qu'ils seront toujours les plus puissants et qu'ils

---

1. « The UN was, and remains today, a legal framework for political bargaining » Anne-Marie Slaughter, « Misreading... », art. cité.

n'auront jamais besoin de la protection du droit international, ils n'ont aucun intérêt à se plier à ce droit. Par contre, si les Etats-Unis admettent qu'il est impossible d'être toujours le plus puissant, qu'ils deviendront un jour faible, par rapport à un pays comme la Chine par exemple, ils auront alors besoin de la protection du droit. On retrouverait les « checks and balances » de la Constitution américaine, c'est-à-dire créer une « incertitude de leur condition » qui leur donnerait un encouragement à se conformer au droit.[1]

Le Conseil de Sécurité devrait jouer le rôle de la balance, pour équilibrer la puissance américaine. Mais une réforme du Conseil de Sécurité dans cette idée n'est pas possible car les Etats-Unis s'opposeront toujours à un accroissement de la contrainte que représente l'action au travers des Nations Unies, qu'ils jugent déjà intolérable. Le système actuel demeure westphalien et on ne peut pas obliger un Etat à être lié par une règle qu'il refuse. En outre, le Conseil de Sécurité joue déjà ce rôle de modérateur de puissance et on peut se demander comment une réforme permettra de mieux contenir l'administration américaine : les intérêts des membres permanents sont suffisamment divergents, même s'ils ne représentent pas tous les intérêts de la planète, pour être incités à contrer une instrumentalisation du Conseil qui leur nuit tout particulièrement.

De plus, les Etats-Unis ont intérêt eux-mêmes à permettre aux autres de les contenir car respecter les règles internationales offre de la prédictibilité à leurs alliés et à leurs adversaires potentiels. Ainsi, ils améliorent aussi bien leur « soft power » (la persuasion) que leur « hard power » (la coercition).[2]

Si l'on veut accorder aux Etats-Unis la place au Conseil de Sécurité correspondant à leur puissance comparée à celle des autres Etats membres, ils seraient en mesure de faire ce qu'ils veulent du Conseil. Celui-ci perdrait alors toute pertinence. Le Conseil de Sécurité ne vaut que parce qu'il n'est pas une chambre d'enregistrement. C'est parce que s'y rencontrent des oppositions qu'il justifie son existence.

Il est vrai que ces oppositions ne doivent pas conduire à une paralysie du système mais cette paralysie peut traduire deux

---

1. La comparaison est faite par Michael J. Glennon, « Why the Security... », art. cité.
2. Anne-Marie Slaughter, « Misreading... », art. cité.

situations : soit un membre permanent est décidé à mener une action donnée, contre l'avis du reste du Conseil. Ce manque d'accord prive l'action en question de la légitimité de l'ONU et d'un soutien financier, humain ou autre. Le Conseil de Sécurité a alors fonctionné comme un modérateur de puissance dans le sens où il augmente les « coûts » de l'unilatéralisme. Soit les Etats membres n'ont pas envie de se donner les moyens de résoudre une crise, ce qui arrive régulièrement, et alors l'ONU ne peut pas en être responsable puisqu'elle n'agit que par la volonté de ses membres.

CONCLUSION

Le 2 novembre 2004, les Américains ont réélu le Président sortant. Après presque quatre années au pouvoir, on peut se demander ce qu'il en a fait. Les tenants et les aboutissants de la « doctrine » Bush, que son entourage a élaborée et qu'il a vigoureusement défendue, sont désormais connus dans le monde entier. Il a mis en œuvre ses idées en tenant peu compte des critiques de l'opposition démocrate ou de ses alliés européens. Le principal enseignement à tirer de ce mandat est que l'administration Bush a montré bien peu de pragmatisme. Elle s'est tenue aux principes contenus dans sa « doctrine », sans faire de concessions. Elle n'est pas revenue sur sa vision du multilatéralisme ou sur son peu d'estime pour l'ONU. Elle a fait un usage sélectif de l'Organisation selon qu'elle considérait que cela lui était profitable ou non. L'administration Bush n'a pas pu ignorer complètement les obstacles qui se sont dressés devant elle lorsque sa « doctrine » a été mise en œuvre mais elle n'en fut pas pour autant stoppée, seulement freinée. Ainsi, alors même que la situation irakienne lui échappe, le gouvernement américain persiste à vouloir traiter le problème en faisant aussi peu appel que possible aux Nations Unies, qui semblent pourtant les plus à même de refaire de l'Irak un pays stable.

Au premier abord, l'ONU peut sembler victime de cette administration américaine militariste, aux tendances unilatéralistes, qui n'a eu de cesse de la stigmatiser en raison de sa prétendue inutilité. Il serait cependant simpliste de considérer le premier mandat de G. W. Bush comme des années perdues pour les Nations Unies. Ce serait ainsi oublier que l'administration Bush ne s'est jamais complètement fermée à l'ONU. Elle a su l'utiliser à des moments décisifs, tels que l'après-11-septembre et la lutte contre le terrorisme international. Plus encore, ne voir dans les Nations Unies qu'une organisation victime du Président Bush reviendrait à nier toutes les difficultés que ce dernier a rencontrées tout au long de ce mandat. En ce sens, l'ONU a rempli son rôle de modérateur de puissance. Bien sûr, elle n'a pas pu empêcher les Etats-Unis d'agir, en Irak par exemple. Mais malgré la pauvreté de ses moyens matériels, l'ONU a pu, à travers son caractère irremplaçable et les autres membres de son Conseil de Sécurité, augmenter les «coûts» de l'unilatéralisme américain, que ces coûts soient politiques, financiers ou humains. Les Etats-Unis ont surtout perdu au début du vingt et unième siècle en crédit et en *soft power*, bien que leur avantage militaire sur les autres Etats de la communauté internationale se soit maintenu voire accru pendant le mandat de G. W. Bush.

Les attentats du 11 septembre 2001 avaient valu aux Etats-Unis une réelle sympathie, même auprès de gouvernements qui leur veulent habituellement peu de bien. Mais le Président Bush n'a pas eu l'intelligence de mettre ce consensus, certes temporaire mais inespéré, au service des buts inscrits dans la Charte des Nations Unies. Au lieu de cela, il s'est contenté de poursuivre des intérêts strictement nationaux sans y mettre les formes qui auraient pu les rendre présentables aux yeux du reste du monde. Au terme de son premier mandat, G. W. Bush laisse un monde divisé et proche de l'état de nature, dans lequel seuls ceux qui sont dotés de fortes capacités militaires ont voix au chapitre. Il ne serait pas étonnant que, parallèlement aux organisations terroristes qui menacent régulièrement les Etats-Unis, de plus en plus d'Etats se regroupent afin de trouver des stratégies de confrontation avec l'Amérique.

Il serait cependant trop facile de reprocher aux seuls Etats-Unis la mise à l'écart de l'ONU. Certains de leurs alliés, parmi lesquels figurent des puissances moyennes qui ont leur importance sur des scènes régionales, soutiennent les Etats-Unis lorsqu'ils violent le droit international. D'autres encore, plus nombreux, participent à des opérations multilatérales, dans le domaine de la lutte contre les armes de destruction massive par exemple, en laissant l'ONU de côté. Quels que soient les objectifs poursuivis par tous ces Etats, ils perdent de vue que l'ONU, en tant que représentante d'un idéal fondé sur le droit, est le meilleur rempart contre les conflits à grande échelle.

Le risque le plus inquiétant pour les Nations Unies n'est pas tant que les Etats-Unis et leurs alliés s'affranchissent sporadiquement de ses règles, mais serait que l'ONU se retrouve totalement marginalisée. Si celle-ci venait un jour à être complètement écartée des relations internationales, elle pourrait alors connaître le sort de la SDN. Jusqu'à maintenant, les Nations Unies ont réussi à empêcher une guerre entre les grandes puissances. Si elles ne devaient servir qu'à cela dans l'avenir, elles justifieraient tout de même leur existence.

BIBLIOGRAPHIE

POLITIQUE EXTERIEURE AMERICAINE

Albright Madeleine K., « Think Again : The United Nations », *Foreign Policy*, juillet/août 2003.
Bouquemont Clémence, *La Cour Pénale Internationale et les Etats-Unis*, Paris, L'Harmattan, 2003, 162 p.
Daalder Ivo H. & Lindsay James M., « L'Amérique sans entraves ou la révolution Bush en politique étrangère », *Politique étrangère*, 2004.
Fréchet Hélène (dir.), *Questions d'Histoire. La démocratie aux Etats-Unis et en Europe. 1918-1989*, Paris, Ed. du Temps, 1999, 285 p.
Gaddis John L., « A Grand Strategy », *Foreign Policy*, novembre/décembre 2002.
Hassner Pierre & Vaïsse Justin, *Washington et le monde. Dilemmes d'une superpuissance*, Paris, Ed. Autrement, 2003, 170 p.
Ikenberry G. John, « America's Imperial Ambition », *Foreign Affairs*, septembre/octobre 2002.
Kissinger Henri A., *La Nouvelle Puissance américaine*, Paris, Fayard, 2003, 386 p.
Liégeois Michel, *Maintien de la paix et diplomatie coercitive. L'Organisation des Nations Unies à l'épreuve des conflits de l'après-Guerre froide*, Bruxelles, Bruylant, 2003, 236 p.
Rice Condoleezza, « Promoting the National Interest », *Foreign Affairs*, janvier/février 2000.
Spiro Peter J., « The New Sovereigntists. American Exceptionalism and Its False Prophets », *Foreign Affairs*, novembre/décembre 2000.
Talbott Strobe, « Democracy and the National Interest », *Foreign Affairs*, novembre/décembre 1996.
Vaïsse Justin, « La croisade des néoconservateurs », *L'Histoire*, février 2004.
Védrine Hubert, *Face à l'hyperpuissance : textes et discours, 1995-2003*, Paris, Fayard, 2003, 380 p.

NOUVELLES MENACES A LA PAIX

Banifatemi Yas, « La lutte contre le financement du terrorisme international », *Annuaire français de droit international*, 2002.
Bannelier Karine & Christakis Théodore & Corten Olivier & Delcourt Barbara (dir.), *Le droit international face au terrorisme*, Paris, Pédone, 2002, 358 p.
Czempiel Ernst Otto, *Weltpolitik im Umbruch. Die Pax Americana, der Terrorismus und die Zukunft der internationalen Beziehungen*, Munich, Beck, 2002, 229 p.
Laney James T. & Shaplen Jason T., « How to Deal With North Korea », *Foreign Affairs*, mars/avril 2003.
Nguyen-Rouault Florence, « L'intervention armée en Irak et son occupation au regard du droit international », *Revue Générale du Droit International Public*, 2003.
Petit Yves, *Droit international du maintien de la paix*, Paris, LGDJ, 2000, 216 p.

Poulain Michèle, « Les attentats du 11 septembre et leurs suites. Quelques points de repère », *Annuaire français de droit international*, 2002.
Riecke Henning, « Nichtverbreitungspolitik. Im Aufwind oder in der Krise », *Internationale Politik*, janvier 2004.
Rosand Eric, « Security Council Resolution 1373, the Counter-Terrorism Committe, and the Fight Against Terrorism », *American Journal of International Law*, avril 2003.
Rotberg Robert I., « Herausforderungen an die Weltordnung. Staatenbildung in Zeiten des Terrors », *Internationale Politik*, novembre 2003.
Société française pour le droit international, *Les nouvelles menaces contre la paix et la sécurité internationales. New Threats to International Peace and Security*, Paris, Pédone, 2004, 297 p.
Taft IV William H., & Buchwald Todd F., « Preemption, Iraq, and International Law », *American Journal of International Law*, juillet 2003.
Tigroudja Hélène, « Quel(s) droit(s) applicable(s) à la « guerre au terrorisme » ? », *Annuaire français de droit international*, 2002.
Verhoeven Joe, « Les « étirements » de la légitime défense », *Annuaire français de droit international*, 2002.

CONSEIL DE SECURITE
Boutros-Ghali Boutros, « Peut-on réformer l'ONU ? », *Pouvoirs*, avril 2004.
Fleurence Olivier, *Le débat actuel sur la réforme du Conseil de Sécurité de l'Organisation des Nations Unies*, Thèse, Paris II, 1998.
Glennon Michael J., « Why the Security Council Failed », *Foreign Affairs*, mai/juin 2003.
Gomart Thomas, « Vladimir Poutine ou les avatars de la politique étrangère russe », *Politique étrangère*, 2003.
Guéhenno Jean-Marie, « Maintien de la paix: les nouveaux défis pour l'ONU et le Conseil de Sécurité », *Politique étrangère*, 2003.
Novosseloff Alexandra, « L'ONU après la crise irakienne », *Politique étrangère*, 2003.
Slaughter Anne-Marie, « Misreading the Record », *Foreign Affairs*, juillet/août 2003.
Tardy Thierry, « La France et l'ONU, entre singularité et ambivalence », *Politique étrangère*, 2002.
Tharoor Shashi, « Why America Still Needs the United Nations », *Foreign Affairs*, septembre/octobre 2003.

PRESSE
L'Express
The Guardian
The Independent
The International Herald Tribune
Le Monde
Le Monde diplomatique
Le Soir
The Weekly Standard
Die Zeit

SITES INTERNET
de The Heritage Foundation : www.heritage.org
de la Cour Pénale Internationale : www.icc-cpi.int
de la Stiftung Wissenschaft und Politik : www.swp-berlin.org
de la Hessische Stiftung Friedensforschung und Konfliktforschung : www.hsfk.de
du Courrier des Balkans : www.balkans.eu.org
du Program on International Policy Attitudes : ww.americans-world.org
de la Maison Blanche : www.whitehouse.gov
de l'OTAN : www.nato.int
de la Documentation française : www.ladocfrancaise.gouv.fr
des Nations Unies : www.un.org (www.un.org/french/documents/scres.htm pour les résolutions du Conseil de Sécurité)
du Département d'Etat américain : www.state.gov

REMERCIEMENTS

Je remercie sincèrement **Monsieur Yves Petit** pour l'aide et les conseils précieux qu'il m'a donnés tout au long de ce travail.

Je remercie également **Madame Anne Pélissier et Madame Justine Faure** pour l'intérêt qu'elles ont porté à mon travail et pour leurs recommandations.

Je remercie enfin **Monsieur Denis Rolland**, sans qui cet ouvrage ne serait pas paru.

TABLE DES MATIERES

SOMMAIRE 5

PREFACE 7

INTRODUCTION 11

PREMIÈRE PARTIE : LA « DOCTRINE » EXTÉRIEURE DE L'ADMINISTRATION BUSH ET SON INFLUENCE SUR LES NATIONS UNIES 23

Chapitre 1 : Le multilatéralisme « à la carte » 27
1. Le refus d'un multilatéralisme systématique 28
   La défense de la souveraineté américaine 29
   La protection des intérêts américains 34
2. Les reproches formulés par les Etats-Unis à l'encontre de l'ONU 37
   L'absence de démocratie 38
   Une bureaucratie inefficace 41

Chapitre 2 : L'agenda de l'ONU imposé par les Etats-Unis 47
1. Une implication de l'ONU variable dans la lutte contre les nouvelles menaces à la paix 47
   La large implication des Nations Unies dans la lutte contre le terrorisme 48
   La mise à l'écart de l'ONU dans la lutte contre les armes de destruction massive 56
2. La tentative d'instrumentalisation pendant la crise irakienne 64
   La guerre préventive à l'épreuve de l'ONU 64
   Les efforts américains pour obtenir une autorisation du Conseil de Sécurité 68

DEUXIÈME PARTIE : LA « DOCTRINE » EXTÉRIEURE DE L'ADMINISTRATION BUSH ET LA RÉSISTANCE DES NATIONS UNIES 75

Chapitre 1 : L'administration Bush et la dimension incontournable des Nations Unies 79
1. L'ONU seule détentrice d'une légitimité internationale 80
   La légitimité de la Charte 80
   Le savoir-faire de l'ONU dans la consolidation de la paix (peace consolidation) 84
2. Le retour de G. W. Bush devant les Nations Unies après la guerre en Irak 88
   Les difficultés américaines en Irak 88
   La recherche d'aide devant les Nations Unies 92

Chapitre 2 : L'administration Bush et l'opposition des autres membres du Conseil de Sécurité 99
1. Les intérêts contradictoires des différents membres 100
   Les motivations du camp de la paix 100
   Les partisans de la guerre et une deuxième résolution 105
   Les indécis soumis aux pressions des deux camps 108
2. Les intérêts variables des Etats membres à une réforme du Conseil de Sécurité 110
   Refléter la situation géopolitique mondiale et la position prépondérante des Etats-Unis ? 111
   Créer les structures d'un Conseil de Sécurité efficace 115

CONCLUSION 119

BIBLIOGRAPHIE 123

Collection « Inter-National »
*dirigée par Denis Rolland avec
Joëlle Chassin, Françoise Dekowski et Marc Le Dorh.*

Cette collection a pour vocation de présenter les études les plus récentes sur les institutions, les politiques publiques et les forces politiques et culturelles à l'œuvre aujourd'hui. Au croisement des disciplines juridiques, des sciences politiques, des relations internationales, de l'histoire et de l'anthropologie, elle se propose, dans une perspective pluridisciplinaire, d'éclairer les enjeux de la scène mondiale et européenne.

Série générale (déjà parus) :
E. Mourlon-Druol : *La stratégie nord-américaine après 11-septembre.*
S. Tessier (sous la dir.), *L'enfant des rues* (rééd.).
L. Bonnaud (Sous la dir.), *France-Angleterre, un siècle d'entente cordiale*
A. Chneguir, *La politique extérieure de la Tunisie 1956-1987*
C. Erbin, M. Guillamot, É. Sierakowski, *L'Inde et la Chine : deux marchés très différents ?*
B. Kasbarian-Bricout, *Les Amérindiens du Québec*
P. Pérez, *Les Indiens Hopi d'Arizona.*
D. Rolland (dir.), *Histoire culturelle des relations internationales.*
D. Rolland (dir.), *Political Regime and Foreign Relations.*
D. Rousseau (dir.), *Le Conseil Constitutionnel en questions.*

Pour tout contact :
Denis Rolland, denisrolland@freesurf.fr
Françoise Dekowski, fdekowski@freesurf.fr
Marc Le Dorh, marcledorh@yahoo.fr